序

私立大学は、「志立」大学である。わが国の学校教育制度揺籃期において、私立学校は「公」教育を担うという「志」を自己理解として出発し、自己の存在意義としたのであり、建学理念はこの自己理解の表明である。

わが国の学校教育制度は、当初から官立・私立学校並存から出発しており、その歴史は、両者を法的に一つの制度に包含する過程の歴史でもある。官吏・技術者養成を目的として明治一〇年の東京大学設立に始まる高等教育制度の整備は、国立大学には自明のものとした国家資格養成制度に、私立学校の「公」教育機能をどこまで取り入れるかを常に問題として抱えていた。同時に、法制度条件を充足することが、高等教育機関へと移行する私立大学の絶えざる課題となったことを意味する。私塾―社団法人―財団法人への組織整備とこれに伴う財政負担が私立学校経営の課題となる一方、「公」教育の担い手としての自己理解を建学理念・教旨として社会に表明し、存立の支えとする。志立であり、資立である。

異なった基本理念と財政基盤を持つ二つの種類の教育機関が一つの大学制度の下で並存するのであり、また、異なった設立目的からそれぞれの役割が分業化していた。この分業体制は、現在までも続いている。教育需要の高まりと共に戦後多くの大学が新設されてゆくが、国公立大学の間においても、また、私立大学の間においても、もう一つの分業体制が大学間格差として定着していった。

私立大学の経営は、研究・教育分野における事業の展開である。事業展開においては、その事業内容に対する自己理解が大きな影響を持つ。国営企業と異なり、資本会社である民間企業が、社是・社訓を基本理念とすることで、社会的存在意義と自己理解を常に再確認し、社員と顧客の間で価値観を共有することに努めるのと軌を一にしている。設置者を政府・地方自治体とする国公立大学と異なり、学校法人を経営者とする私立大学の支えは建学理念・教旨であり、伝統として受け継がれていく。

わが国において、建学理念・教旨を表明しない私立大学は存在しない。建学理念・教旨が自己理解としての「志」の表明であり、存在意義の自己理解である。一つの大学制度の下での、私立大学の法制度条件・財政基盤の整備の過程、その過程での建学理念・教旨が果たした役割が本書の課題である。「志」の立て方が、私立大学の、そして、独立行政法人となった国立大学をも含めて、日本の大学制度のあり方に反映しているかをも考えるようがとしたい。

二〇〇五年一〇月

編者

目次

第一章　大学の建学理念・教旨

はじめに

わが国の大学は、一つの大学制度の下に国公立大学と私立大学が並存している。大学数と学生数において私立大学が圧倒的な存在であり、大学間に入学試験偏差値格差があることは知られている通りであるが、国公立大学と私立大学を含めて、大学間に分業体制が厳然と存在することは、公然と意識されることが少なかった。

本稿は、幾つかの指標から国公・私立大学間に分業体制が確立しており、その原型はすでに戦前から存在していること、そして私立大学においては大学発展の出発点に建学理念・教旨があり、その伝統が現在の大学理念となっていることを明らかにしたい。

Ⅰ　大学ランキング

朝日新聞二〇〇六年度版大学ランキングは、その編集後記で創刊号の九五年度と比較して、「文部科学省所轄の大学と各省がつくる大学校は合わせて五六一校でした。その数字は、今号〇六年版では七二六校に増えています。少子化で受験生が減り続けているのに、大学は逆に増える一方でした」と述べている。(1) いうまでもなく、私立大学の増加である。日本の高等教育制度は大学数、そして、学生数が示すように、私立大学が担っているのであろうか。しかし、日本の大学を幾つかの指標で比較してみると、分極化は明白であり、財政基盤に基づく国公立と私立の区分のみでは説明しがたい、一つの高等教育制度の下での大学間分業体制が確立していることが特徴である。

以下において、「〇六年度版大学ランキング」を利用して、研究費、資格・研究成果、社会的役割の三点から大学評価を整理してみる。それぞれの指標で、上位二〇大学を選出し、最上位を二〇点、最下位を一点として、点数化して比較する方法をとった（表1-1参照）。そして、各項目は三指標から構成されるので、総合点の最高は六〇点となる。

一、研究費として、科学研究費、財団助成、外部資金を指標とする。科学研究費は、国家資金による競争的研究資金の約半分を占めている。財団助成は、独自事業および助成を行う公益法人による助成で、奨学金やボランティア活動も助成しているが、金額的には研究費助成が多く、科学技術・医学・理工学分野が主体である。外部資金には、共同研究、受託研究、奨学寄付金があり、国・地方公共団体・公益法人・民間企業が提供者である。

前記三指標の総合点でみると、三つの指標とも東京が一位であり、上位一〇大学のうち、私立大学としては慶應のみであるのは、規模の大きな医学部と工学部を持っているからである。二〇位以内でみても、私立大学では、大

表1-1　大学ランキングからみる大学間分業

	大　学　名	研究費	資格・研究	社会的役割	合　計
1	東　京　大	60	60	57	177
2	京　都　大	57	34	50	141
3	慶應義塾大	37	42	57	136
4	大　阪　大	54	43	24	121
5	早稲田大	19	42	57	118
6	東　北　大	51	36	29	116
7	名古屋大	45	35	10	90
8	九　州　大	38	33	18	89
9	神　戸　大	31	28	17	76
10	北海道大	45	23	8	76
11	中　央　大	0	31	44	75
12	明　治　大	0	18	43	61
13	一　橋　大	0	31	26	57
14	東京工業大	40	15	2	57
15	日　本　大	3	0	48	51
16	同志社大	0	17	28	45
17	立命館大	0	21	20	41
18	立　教　大	0	20	18	38
19	広　島　大	28	10	0	38
20	筑　波　大	20	17	0	37
21	上　智　大	0	15	13	28
22	千　葉　大	15	9	0	24
23	岡　山　大	23	0	0	23
24	法　政　大	0	0	20	20
25	関　西　大	0	5	13	18
26	関西学院大	0	7	11	18
27	東京医科歯科大	16	0	0	16
28	東京都立大	3	12	0	15
29	大阪市立大	6	7	0	13
30	熊　本　大	12	0	0	12

注：3カテゴリーとも3指標からなり、各指標最上位20点としての合計である。
出典：『大学ランキング2006年版』朝日新聞社
　　　『ダイヤモンド』2005年9月1号別冊

きな理工学部を持つ一四位の早稲田、そして、二一位に日本最大級といえる一二学部を擁する東海がある以外、二〇位の大阪市立を除きすべて国立である。研究資金規模の大きい、医・工学部を完備している国立大学が圧倒的であることが示されている。

二、資格・研究成果として、司法試験と国家一種試験合格者数と研究成果の引用頻度を集計したＩＳＩ社 Insitute for Scientific Information のものを用いる。いうまでもなく、ＩＳＩ指標では、医・理・工学関係が圧倒的であるから、この分野の学部が充実している大学が主体となっている。しかし、大学の教育成果が反映する司法試験、国家一種試験が含まれていることから、私立から一〇位以内に慶應、早稲田、中央が入っており、二〇位以内では立命館、立教、明治、同志社、上智が続いている。ここでも、三つの指標とも東京が一位となっている。

三、社会的役割として、国会議員数、東証一部上場会社社長数、そして、一部上場会社役員数を用いる。一位と二位が早稲田と慶應であり、これに東京と京都が続き、一〇位以内に日本、中央、明治、同志社が入っている。国会議員数で東京が一位となっているが、これは官僚出身者が多いからであり、国家一種試験合格者である。さらに、二〇位以内においても私立は六割を占めている。

以上の比較からみて取れるのは、研究費、国家試験と研究成果では国立大学が圧倒的な存在となっている一方、国家試験、卒業生の社会的役割では私立の存在が確認できるように、一つの高等教育制度の下で国立と私立の分業体制が確認できることである。また、国公立間、私立間にも分業体制がみて取れる。各指標で二一位以下、すなわち、〇点のカテゴリーを持つ大学をみると、研究費で高い順位にある一方他の指標で〇点のものとして、廣島、筑波、千葉、岡山、熊本があり、公立では都立（首都）と大阪市立がある。特筆すべきは、一橋で、理系学部を持たないことが理由であろうが研究費については二〇位以内に入っていない。私立では、中央、明治、法政、関西、関西学院がある。

さらに特徴的なのは、これらの指標であがった国立・私立大学に一定の類型がみられることである。すなわち、点数化した指標で高い点数のものが、戦前において国立単科大学であった一部のものを除いて、戦前からの国立総合大学ないし私立の複数学部を持っていた大学である。国立大学間においても、また、私立大学間においても、この基準で測ると、大学間の分業体制が明白となる。それゆえ、戦後の新制大学制度発足以前における、国立・私立大学の構造を明確にする必要がある。

Ⅱ　大学間分業体制の原型

文部省第七十六年報は、翌年の新制発足を控えた昭和二十三年（一九四八年）における旧制最後の大学すべてについて、学部別教員数と国公私立別学生数を掲載している[2]。現在にまで続く日本の高等教育機関の構造の原型を示すものでもある。大学数は、国立二三、公立九で、国公立合わせて三二であるが、これに符牒をあわせるかのように私立も三二となっている。

この時点における日本の国公私立大学の構造を、日本の高等教育制度における国公立と私立の分業体制という観点から整理してみるならば、すでにその原型が完成していたことを知ることとなろう（表1-2参照）。

国公私立大学六四校の学部構成をまずみてみよう。

(一)　国立大学二三のうち、複数学部を持つのは七大学となっているが、大阪と名古屋はともに医・理・工の三学部、東北は医・工・法文・農の四学部であり、九州と北海道ではこれに理学部が加わる。独立した法・文・経済学部を持っていたのは東京と京都のみであったから、本来の意味での総合大学は二校であった。戦前においては、第二章が触れているように、この七校が帝国大学であった。

表１－２　大学教員数と学生定数（昭和23年）

	国立			公立			私立		
	総数	専任	外人	総数	専任	外人	総数	専任	外人
法	72	52	0	0	0	0	445	164	1
政経	0	0	0	0	0	0	76	22	0
経済	100	73	1	0	0	0	365	112	5
商	66	11	0	34	15	0	228	64	2
法文	156	83	0	0	0	0	0	0	0
文	174	91	6	0	0	0	1,006	265	26
神	0	0	0	0	0	0	28	2	3
文理	139	109	2	0	0	0	0	0	0
共通	0	0	0	0	0	0	29	2	1
医	972	617	0	156	117	0	398	278	0
工	1,178	700	0	0	0	0	192	74	0
理	403	323	0	0	0	0	0	0	0
理工	0	0	0	0	0	0	186	103	0
農	374	241	0	0	0	0	109	28	0
教員数計	3,634	2,300	9	190	132	0	3,062	1,114	38
学生定数	26,240			1,450			25,140		

出典：『文部省第76年報』昭和23年

㈡　一六の国立単科大学のうち、神戸経済、東京商科、東京工業、広島と東京の文理以外の一一は医科単科大学であった。

㈢　公立大学はすべて単科大学で、大阪商科以外は医科大学である。

㈣　私立は、複数学部を持つのが一三であったが（慶應、早稲田、明治、法政、中央、日本、専修、上智、関西、関西学院、立教、同志社、立命館）、慶應の医・工、日本の医・工・農、早稲田の理工を除くと、他のすべての私立大学は文系学部である法・経済・商・文などからの二ないし三学部構成であった。私立の単科大学は、東京農大、千葉工大、大阪理工、商学部の紅陵、そして、七医科大学以外は、すべて文学部のみであった。

つぎに、教員構成を国公私立別、学部別にみてみる。

㈠　専任・兼任・外国人の教員総数は、教授、助教授、講師を合わせて国立三、七一六人、公立一九〇人、私立三、一八七人となっているが、これを専任のみで比較してみると、二、三九一人、一三二人、一、一一五人と、圧倒的に国立が優り、私立は兼任教員に依存する経営となっている。外国人は身分別の分類がなく、国立で専任四人、兼任四人、私立で専任一五人、兼任二二人であるが、ほとんどが文学部所属であることから、語学教師が中心であったとみてよかろう。唯一、同志社のみが、専任二人と兼任一人が神学部所属となっている。ちなみに、女性教員は、国立の専任講師一人と外人専任一人の二人で、私立では兼任の一人であるから、全国で三人であった。

(二)専任教員を学部別に比較してみると、国立専任教員二、三〇〇人のうち、工学部七〇〇人、医学部六一七人、理学部三三三人と圧倒的である。国立では文理学部があり、その専任教員数は一〇九人であった。公立専任教員一三二人は、医学部一一七人と大阪商科大学の一五人である。

(三) 国立大学のうち、法学部を持つのは東京と京都のみであり、東北、九州、北海道は法文学部としている。国立総合大学で経済学部が設置されていたのは、東京と京都のみである。大阪と名古屋は、医・理・工学部のみである。

(四) 一、一一四人の私立大学専任教員のうち、最大は一、〇〇六人の文学部であるのは、宗教系の単科大学が文学部であるからである。複数学部の私立において文学部を持っていないのは、法律学校として出発した明治、中央、日本、専修のみであるように、国立で重視されていない分野が私立の市場となっていた。

(五) 私立大学専任教員構造において特徴的なのは、専任をまったく持たないか、持っても教授がいない大学があったことである。法・経済・文学部の立命館大学は、教員総数一一〇人であるが専任を持たずすべて兼任であった。文・経済学部の上智は四三人の総教員のうち専任は助教授二人と外人五人のみであったし、同志社は、神・文・法・経済の四学部で総教員数は一六二人にあがっていたにも関わらず、専任は講師三人と外人四人のみである。キリスト教関係団体が経営主体である上智と同志社の特徴であろう。

最後に、学生定員数をみてみる。

㈠ 国公立と私立を合わせた学生総定員数は、五二、八三〇人であるが、この内、国立が二六、二四〇人、公立一、四五〇人、私立二五、一四〇人であり、国公立大学のそれが私立大学のそれを上回っていることが特徴である。

㈡ それでも戦後混乱期であることから、在籍学生数は定員数を大幅に上回っており、国立四〇、九〇六人、公立一、六九七人、私立四〇、八三八人で、私立が学生増の受け皿となりつつあることを示し始めており、昭和二三年における在籍学生総数は八三、四四一人となっている。

以上から読み取れるのは、

㈠ 教員数、学生数、学部構成からみて、日本の大学制度を担っていたのは国立大学であり、部分的に競合する分野があったとしても、全体としての私立大学は特定の学部において国立大学を補完する役割を果たしていた。

㈡ 学部教員数からみて、日本の大学教育は国立大学の工学、理学、医学が中心で、これを公立大学が補完していた。国立大学の文系では法学部が中心であるが、東京と京都の法学部以外は、東北、九州、北海道は法文学部としている。この分野で私立大学が補完しているのは、明治、法政、中央、専修のように法律学校から出発した大学が多いからである。

㈢ 国立総合大学で経済学部を持ったのは東京と京都のみで、専任教員数は二一人と二九人にすぎず、単科大学である神戸経済と東京商科の三三人と三二人が加わる。複数学部を持つ私立をみると、慶應の経済九人、早稲田の政経合わせて一四人と商の一七人、明治の商一〇人、法政の経済九人、中央の経済二八人と商二五人、日本の経済一二人、専修の経済一九人、関西の経済九人、関西学院の経済一二人、立教の経済九人であり、これに単科大学である紅陵の商五人と、経済関係では私立が圧倒していることがみて取れる。

㈣ 私立大学が国立大学にもっとも優位に立っているのは、文学部であった。戦前の国立大学文学部の主たる役割は国公立高等学校教員養成であり、文学部を持つのは、東京と京都のみで、専任教員数はそれぞれ四一人と四六人であった。これに対して私立では、宗教系で文学部のみしか持たない単科大学である立正、駒沢、大正、龍谷、大谷、高野山だけでも、専任教員数は一一〇人にあがっている。

(五) 旧制度最後の年の専任教員数に反映しているように、国公立大学は技術者、医者教育に特化しているのであり、文系では法曹関係者と公務員養成が主体であった。これに対して、一部の私立が理工系学部を持つことで総合大学への途を模索しているが、主体は法・経・文学部での教育に特化しており、民間への人材供給が市場であった。すなわち、先にみた大学ランキングが示したように、財政、研究成果、国家資格での国立大学の優位、民間での私大の競合という構図はすでに確立していたのである。

Ⅲ　大学の建学理念・教旨

社会経済生産性本部は、一九八六年以来継続的に「ミッション・社是社訓の活用」についての調査を続けている。(3) 日本企業の多くは、企業を家に、従業員を家族にみたてて、家訓・社是・社訓という形で経営理念や経営方針を文言として表現することで、「濃密なコミュニケーションのもと、組織を発展させてきた」。すなわち、事業展開の理念・指針としてきた伝統があることから、時間経過のなかで変化する経営環境との整合性を如何に調整してきたかを探る調査である。最新のアンケート調査は、二〇〇三年のものであり、形式面でみると、その概要を以下のように要約している。

(一) 社是・社訓の制定者は、創業者と近年の経営者が七〇%弱で、近年は制定プロセスにおいて社内でのコンセンサスを重視する傾向も生まれている。

(二) 社是・社訓の制定者が創業者、中興時の経営者、近年の経営者である割合が高いのは製造業企業である。
(三) 経営環境の変化に対応して、社是・社訓を見直す企業の割合は、二〇〇〇年以降顕著となってきた。
(四) 社是・社訓の制度化・共有化の手段としては、社内での文書化がもっとも多い。

この調査によると、社是・社訓は経営環境や事業内容の変化に対応して見直されているものの、それは「創業時の遺産として形骸化し、軽視されるのではなく、事業展開に影響を与えるものとして重視されている」と結論づけている。社是・社訓に含まれている内容としては、「社会との共生」、「顧客志向」、「チャレンジ」、「従業員の尊重」などが多いとしている。同時にアンケート回答企業の三分の二は、社是・社訓以外にも企業倫理を含めた行動準則ないし行動指針を有しており、社会との共生を重視する分野として「環境保全」、「地域社会活動」があがっている。

社是・社訓の定義ないし各企業での位置づけが同一でないことから、具体的に新日本製鉄の例をみてみよう。「新日鉄グループ企業理念」として、基本理念、経営理念、社員行動指針に分けて扱っているからである。

基本理念としては、「新日鉄グループは、鉄事業を中核として、豊かな価値の創造・提供を通じ、産業の発展と人々の暮らしに貢献します」と、事業内容を反映した事業理念を正面から謳っている。経営理念としてあげているのは「社会と共生し、社会から信頼されるグループ」、「技術の創造と革新に挑戦」、「変化を先取りし、自らの変革に努める」、「人を育て、活かし、活力に溢れるグループ」である。そして、社員行動指針となっているのは、「情熱・創造」、「現場・現物」、「自主・自立」、「公正・信頼」、「研鑽・育成」である。

社是・社訓の原型の一つは、平安時代の公家にみられるといわれており、しだいに武家、大名が自家や自藩の永続をはかる目的で文言化されていった。十八世紀以降盛んとなる商家の家訓は、家産の維持・拡大や永続を目的として、公儀の法度尊重、質素・倹約、奉公人への賞罰・勤務規定などを定めるものとなっていった。ここに創業者ないし中興の祖の人生観と事業観が文言化されるのであり、「三方よし」、「出精専一」、「正直、信用」、「隠徳善事」などの近江商人の家訓がよく知られている。これらは、後世の「家業」の展開に影響を及ぼしてきた。この家訓にもみられるように、人生観、事業観、行動指針が混在するのが通常であるから、現在の企業における社是・社訓の定義も広く取られているのも首肯できよう。

家訓は家業に関わるものであったが、そうした伝統が明治以降の創業者から資本会社にも受継がれているのである。すなわち、個人経営としての家業の家訓が、資本会社として発展する過程で、創業者ないしは中興時の経営者により事業観・経営指針としての社是・社訓として定着していくのである。この組織上の発展は教育機関にもみられるものであり、本書の各章が詳述するように、学校もその経営形態が私塾から社団法人、財団法人へと発展するのであり、その発展の過程において創立の基本理念が、後継者によって受継がれていく。学校の建学理念・教旨の再確認であり、制服・制帽、校歌などとともに社会に対しての同業者間の差別化の指標となっていく。

国立大学と私立大学の相違は、法律に基づき政府が設置・運営するか民間が設置・運営するかであり、法的基盤ならびに財政基盤が異なる。民間設置の私立は、学校教育制度が法的に整備される以前においては、私塾にみられるように個人企業経営であったが、国の学校教育制度に組入れられるに伴い、法人格を取得し、法律に基づく組織機構・財政基盤の整備が要求されるにいたる。[4]

わが国の学校教育制度揺籃期においては、私塾においても、その存立基盤と教育内容において公私の区別意識は薄く、高まる教育需要の中で私立学校設立は創業・起業であった。創立理念を明確に打ち出す学校が多かったのも、国公立学校とともに社会の「公」教育を担うものであるとの自己理解と相互の差別化意識があったからである。お雇外国人を教員の中心とし、開成学校と医学校を合併して明治一〇年に東京大学が設立され、国立大学が国家公務員・法曹関係者・医者・技術者養成の役割を担うことになってからも、私立学校は、国民の教育需要に応えての

「公」教育の担い手であるとの意識を強く持っていたのであり、「独立自尊」、「模範国民の造就」、「自治自立」が謳われた。

他方、職業教育の分野で「公」教育を担わんとしたのが、私立の法律学校であり医学校であった。国家的職業資格授与は、国立大学において自明のものであり、東京大学法学部卒業は発足時においてそのまま法曹資格としていたのは知られている通りである。私立大学は、卒業生が東京大学卒業生と同等に公務員・教員試験受験資格を持つための条件を整えるため、組織改正、教員充実、教科充実に迫られるのであり、大学は総合大学であることを前提とした時代であることから学部の拡充に努め、これが私立大学の経営を圧迫したことは、本書の各章で詳述されているように私立大学の歴史そのものともなっている。

先にみた「大学ランキング」で名前のあがる私立大学は、新制大学制度導入までの時期において、設立年が古く、かつ、複数学部を持っていたものであることが特徴である。該当する一二校について設立年順に大学理念を一覧にすると、創業・起業の理念がいかに明白に打ち出されているかがみて取れよう。私大連五〇年史にある加盟校紹介から、筆者の判断で一覧にしたものである。[5]「公」教育の担い手として、社会において果たすべき役割を建学理念・教旨として表明しているのであり、企業創立者の創業理念、社是・社訓と軌を一にするもである（表1-3参照）。一方、政府・地方自治体の教育機関が整備されると、私立学校の役割がしだいに国公立学校の補完的性格を帯びるようになるのであり、この時期以降の学校設立理念ないし教育理念は、企業でいう経営理念・行動指針的性格を帯びるようになるのであるが、本稿では紙数の関係で別の機会に改めて言及することとする。

国立大学は、独立行政法人となった。財政基盤が政府であることは変らないが、大学経営は私立に近いものとなったので、同一の教育市場で一層競合する性格が強まったのである。文部科学省が発表した、全国八九の新大学法人の〇四年度決算をみると、総資産および純利益ランキングで、上位五位はいずれも戦前の国立総合大学であり、

表１－３　私立大学の大学理念

	大学名	設立年	設立時名称	設 立 者	大学理念
1	慶應義塾	1868	慶 應 義 塾	福沢諭吉	独立自尊
2	立　教	1874	立 教 学 校	C・M・ウィリアムス	自由の学府
3	同 志 社	1875	同志社英学校	新島襄	自治自立の人民の養成
4	専　修	1880	専 修 学 校	相馬・田尻・目賀田	報恩奉仕
5	明　治	1881	明治法律学校	岸本・宮城・矢代	権利自由、独立自治 普遍につながる個
6	早 稲 田	1882	東京専門学校	大隈重信	学問の独立・活用 模範国民の造就
7	中　央	1885	英吉利法律学校	法律家十八名	実学の精神
8	関　西	1886	関西法律学校	ボアソナードの陶酔を受けた司法官	法学の普及
9	法　政	1889	和仏法律学校	ボアソナード教頭	自由の精神
10	日　本	1889	日本法律学校	山田顕義	諸法律の研究
11	関西学院	1889	関 西 学 院	W・R・ランバス	奉仕の練達
12	立 命 館	1900	京都法政学校	中川小十郎	自由と清新 平和と民主主義

出典：『日本私立大学連盟50年史』2003年。非売品

表１－４　国立大学の大学理念

旧大学名	設立年	案内要項	大 学 理 念
東　京	1877	要　項	高い内外の評価の維持・発展
京　都	1897	要項案内	自由の学風を継承、発展
東　北	1907	要項案内	研究第一主義、門戸開放
九　州	1911	要　項	指導的役割果たす人材育成
北 海 道	1918	要項案内	フロンティア精神、国際性涵養、全人教育、実学重視
大　阪	1921	要項案内	総合デザインの設計、大学は出会いの場
名 古 屋	1931	要　項	研究と教育を通じての貢献
神戸経済	1929	要　項	ナシ
東京工業	1929	要　項	工業技術者の教育
東京文理	1929	要項案内	国際性、未来志向、問題解決型人材育成
廣島文理	1929	要項案内	絶えざる変革
東京商科	1929	要項案内	産業人の育成

注：国立単科大学は、1929年の「官立工業・理科・商業大学官制」公布により大学として設置された。「大学理念」の項は平成17年度大学案内・要項から。
出典：平成17年度各大学大学案内・入学者募集要項

東京、大阪、京都、九州、北海道となっている。[6] 国立大学での、戦前からの分業・順列体制に現時点でも変動がみられない。法人化した国立大学は、自らの存在意義をどのように自己理解しているのであろうか。

○五年度は、国立大学が独立行政法人化して最初の学生募集の年であり、従来の学生募集要項に加え大学案内を初めて作成した大学も多いと思われる。新制大学制度導入直前の一九四八年における国立大学のうち、医科単科大学を除いた一二大学について、大学案内と学生募集要項から、自らの存在意義についての自己理解を概観するため、研究・教育理念に関する文言を筆者の判断で大学理念として一覧表にしてみる（表1-4）。ここで取り上げるのは、複数学部を持っていた七大学と医学以外の五単科大学、神戸経済、東京商科（現・一橋）、東京工業、東京文理（現・筑波）、廣島文理（現・廣島）である。

募集要項のみの刊行は、東京、九州、名古屋、神戸、東京工業の五校であり、このうち、募集要項に、東京は総長挨拶、九州と名古屋は教育憲章と学術憲章、東京工業は一頁の大学案内を収録しており、神戸は募集要項記載のみである。他の七校は、大学案内を刊行している。ここでの文言から、企業でいう基本理念と経営理念ないし行動指針が混在していることがみて取れるのであり、私立大学の建学理念とは明白な対比を示し、行動指針的正確が強い。

私立大学においては、大学案内の刊行は自明のことであり、募集要項のみの大学はない。大学案内は建学理念、すなわち、事業理念である「志」を社会に訴える場として不可欠なものになっている。「公」教育の担い手としての自己認識の表明であり、「志」に立って建学しているのであるし、「志」を持って社会的認知を獲得し、この伝統を糧として発展してきたのである。私立大学とは「志立大学」である。

（大西　健夫）

注

（1）朝日新聞社『大学ランキング』二〇〇六年度版。

社会的役割における役員管理職者数のみは、『ダイヤモンド』二〇〇五年九月一日号別冊。

日本経済新聞〇五年八月一日朝刊は、日本私立学校振興・共済事業団によるものとして、〇五年度入試で定員割れを起こした四年制私大は一六〇校で過去最大となったこと、および（学生囲い込みのため、筆者注）推薦入試入学者数も過去最高の四三・六％に達し、（大学間格差の指標となっている、筆者注）大学入試の選抜機能も有名無実化しつつある、と報じている。

（2）文部省「第七六年報」昭和二三年。

戦前の一九四〇年時点での大学と比較してみると、国立は、複数学部を持ついわゆる旧七帝大と一四単科大学であったが、この内名古屋医大と大阪工大が吸収され、神宮皇学館が神道指令で廃校となった（一九六二年に私大として復興している）。これに代り、徳島、弘前、米子、前橋、松本が医科単科大学となり、単科大学が一六校となっている。公立は、大阪商科を除きすべて医科単科大学で九校である。

（3）社会経済生産性本部「ミッション・社是社訓の活用についての調査」平成六年六月。

（4）大沢勝「日本の私立大学」青木書店、一九六八年第二部参照。

（5）日本私立大学連盟『日本私立大学連盟五〇年史』二〇〇三年、非売品。

（6）『日本経済新聞』二〇〇五年八月二四日。

第二章　私立大学の歴史と建学の志

はじめに

戦前の大学は、戦時下の特別措置による修業年限の短縮等をはじめとする学制改革が急激に進行する直前の一九四〇年（昭和一五年）度現在では、国立（帝国大学）七、国立（官立大学）一二、公立二、私立二六の合計四七大学であった。戦後の人件費国庫補助を受けるまでの私立大学は、その運営・経営資金が、官立・国立・公立の大学のように国税・地方税という国民の公費によって行われるものではなく、そのすべてが設立主体の私費で行われてきた。そして、官立・国立・公立の大学は次代の国家社会の指導的・中心的担い手を全階層的に国家・地方自治体の名によってかなり普遍的な立場から育成することを目的にしているのに対して、私立大学は設立主体がそれぞれ明確な創立の理念（設立の目標理念）を掲げて、その理念に沿うような人物の育成に努めることを目的にしているのが一般的である。

本章では、「大学」の歴史を大学立法の大体の変遷とともに概観しつつ、官公私立の大学にあって、主として戦前の私立大学の設立主体をいくつかの基準で分類し、私立大学においては、創立時の理念がその大学の存立の志の核心であることを考察するものである。

Ⅰ 「帝国大学」体制の成立

近代日本の高等教育は、一八七二年八月三日頒布の「学制」による教育制度の中に、「大学ハ高尚ノ諸学ヲ教ル専門科ノ学校ナリ」（第三八章）（『法令全書』）と位置づけられ、翌年四月の「学制二編追加」により「外国教師ニテ教授スル高尚ナル学校」が専門学校であると規定された。これら学制期においてもっとも整備されていた専門学校が東京開成学校と東京医学校であり、この二校が一八七七年一〇月に合併して東京大学の創設となったのである。ついで、一八七九年九月二九日公布の「教育令」と翌年一二月二八日公布の「改正教育令」により「大学校ハ法学理学医学文学等ノ専門諸科ヲ授クル所」（第五条）（『法令全書』）と規定され、当時これに該当する唯一の「大学校」が東京大学で、東京大学予備門は大学に直結する唯一の予備教育機関であった。そして、この時期における官立の高等教育機関として、東京大学の他に司法省法学校（司法省に一八七一年設置の明法寮に淵源。明治法律学校を設立する岸本辰雄らが卒業。原敬・陸羯南らが中退）、札幌農学校（一八七二年設置の開拓使仮学校に淵源）、工部大学校（工部省に一八七一年設置の工学校に淵源）があった。すなわち、これら四校が官立のエリート養成の高等教育機関であった。

ついで、一八八六年三月二日に「大学」に関するはじめての単行法令である「帝国大学令」が公布されて、東京大学を帝国大学に改組して、「帝国大学ハ国家ノ須要ニ応スル学術技芸ヲ教授シ及其蘊奥ヲ攻究スルヲ以テ目的トス」（第一条）（『法令全書』）と研究と教授の二者同一の最高の高等教育機関として規定され、法・文・理・医・工の各分科大学より成る国家主義の理念を付与された唯一の総合大学として発足した。そして、先の司法省法学校と工部大学校は帝国大学に吸収合併され、札幌農学校も一九〇七年六月の東北帝国大学の設立に伴いその農科大学として吸収合併されたのである。この間、一八九七年六月に京都帝国大学が設立されたために、それまで唯一の大学であった帝国大学は東京帝国大学と改称され、京都・東北に続いて、九州（一九一〇年一二月）・北海道（一九一八年四月）・大阪（一九三一年四月）・名古屋（一九三九年三月）の各帝国大学が順次設置され、これらいわゆる「旧七帝大」が戦前においてもっとも権威を付与された国立大学として各地に存置された。

Ⅱ　私立専門学校の誕生

一八八〇（明治一三）年代、官立の高等教育機関が東京大学と札幌農学校および後に東大に合併されていく司法省法学校と工部大学校の四校に過ぎなかったために、この時期に誕生した私立の専門学校には官学ではなし得ない人材供給の機関として歴史的な意義があり、事実その役割を充分に果たすことになった。

そもそも私立学校は幕末・維新期の和漢学や洋学の私塾から出発した。幕末の一八五八年に福沢諭吉が江戸鉄砲州に蘭学塾を創設して現在の慶応義塾大学の源としたのをはじまりとして、明治維新の頃には小さな塾があった。しかし、これらの私塾は市民的な学問意識や私学精神が充分に生育していない段階で慶應義塾以外はまったくの塾の域を出でず、洋学塾でも外国語の予備講習程度のものであった。やがて、政府の進める文明開化政策に応じる形で、同人社（中村正直）・三叉学舎（箕作秋坪）・共立学舎（尺振八）・学農社（津田仙）・攻玉社（近藤真琴）・仏蘭西学舎〈仏学塾〉（中江兆民）などの洋学塾が誕生し、他方、三計塾（安井息軒）・双桂精舎（島田皇村）・二松学舎（三島中洲）・緩猷堂（岡鹿門）などの漢学塾も存在した。

ついで、東京大学が誕生した一八七七年（明治一〇年）前後に、七五年一一月に新島襄らが同志社英学校（一九〇四年三月同志社専門学校と改称し、一九一二年二月同志社大学と改称）を、八〇年七月に米国で学位を得た相馬永胤〈コロンビア大学〉・田尻稲次郎〈エール大学〉・目加田種太郎〈ハーバード大学〉・金子堅太郎〈同〉らが専修学校（一九一三年七月専修大学と改称）を、同年九月に薩埵正邦ら六、七人が東京法学社（一八八一年五月東京法学校と改称し、一八八九年九月東京仏学校と合併して和仏法律学校と改称し、一九〇三年八月法政大学と改称）を、八一年一月に大学南校から司法省明法寮を経て司法省法学校を同時に卒業した岸本辰雄・宮城弘蔵・矢代操の三人と西園寺公望・杉村虎一が明治法律学校（一九〇三年八月明治大学と改称）を、八二年一〇月に大隈重信が東京専門学校（一九〇二年九月早稲田大学と改称）を、八五年九月に菊池武夫・穂積陳重・岡村輝彦・合川正道・増島六一郎・岡山兼吉・山田喜之助ら一八人が英吉利法律学校（一八八九年一〇月東京法学院と改称し、一九〇三年八月東京法学院大学と改称し、一九〇五年八月中央大学と改称）を、八六年一二月に児島惟謙らが関西法律学校（一九〇五年一月関西大学と改称）を、一八八九年一一月に山田顕義らが日本法律学校（一九〇三年八月日本大学と改称）を、それぞれ順次設立していき、一八八〇年代にはこれらの主に法学を中心とする私立の専門学校の族生が相次いだのである。こうした法律学校の誕生は時代の要請に基づくものであった。近代的な「法による支配」という国家社会を建設していくためには、その担い手としての法律を学んだ人材を育成することが何よりも急務であったからである。しかも、この一八八〇年代は自由民権の思想と運動が全国的に展開され、政府部内でも民間でも、国家構想を示す憲法意見書や私擬憲法がいろいろな政治的立場の政治的結社や個人によって練られて公表されていたのであり、まさに「法構想の時代」という国家的社会的背景が法学関係の私立専門学校を生み出す条件を作り出していたのである。

こうした私立の専門学校は、一八七九年九月の「教育令」と翌年一二月の「改正教育令」にそれぞれ規定された

「専門学校ハ専門一科ノ学術ヲ授クル所トス」（第七条）（『法令全書』）という条文に相当するものであったが、現実の取り扱いとしては、府知事により「各種学校」として設立が認可されていたのが実情であった。

Ⅲ 「専門学校令」から「大学令」による私立大学の認可

多様な官公私立の専門学校が法制上で整備されたのは、専門学校に対する単行の法令として一九〇三年三月に公布された「専門学校令」によってであった。これにより、帝国大学・高等学校・専門学校という戦前の高等教育機関がはじめて法的に完備し、出揃ったのである。「専門学校令」は、専門学校を「高等ノ学術技芸ヲ教授スル学校ハ専門学校トス」（第一条）（『法令全書』）と規定して、中学校又は修業年限四年以上の高等女学校卒業者およびこれらと同等の学力を有する者を入学資格とし、修業年限は三年制で、予科や研究科および別科を置くことができると規定した。

本令の結果、同年には、官立では東京外国語学校・東京音楽学校・東京美術学校・千葉医学専門学校・東京高等商業学校・東京高等工業学校・東京高等農林学校など一五、公立三、私立では慶應義塾の大学部・早稲田大学・明治法律学校・和仏法律学校・東京法学院・日本法律学校・同志社専門学校・仏教大学（西本願寺が一九〇〇年四月に設立。二二年五月龍谷大学と改称）・京都法政学校（中川小十郎らが一九〇〇年五月に設立。〇三年九月京都法政専門学校と改称し、〇四年九月京都法政大学と改称し、一三年一二月立命館大学と改称）・東京慈恵医院医専（高木兼寛らが一八八一年五月に成医会講習所を設立。九〇年一月成医学校と改称し、一九〇三年六月東京慈恵医院医専と改称し、〇八年五月東京慈恵会医院医専と改称し、二一年一〇月東京慈恵会医科大学と改称）・東京高等農学校（一八九三年五月東京農学校設立。一九〇一年七月東京高等農学校と改称し、一一年一一月東京農業大学と改称）等々二七、合計四五の専門学校が法的に

存在することになったのである。この後、専門学校は、一九一二（明治四五・大正一）年度には、官立一三、公立七、私立五五となり、合計八五校となっており、専門学校はわずか九年間で倍増に迫るほどに達した。

このように、とりわけ私立の専門学校の隆盛が目覚しく、日本の産業革命の急速な進展に合致する形で、二〇世紀初頭の国家的社会的な要請に適合して飛躍的に発展していった。そして、学科編成や教員陣を充実させることに努め、この時期には先に記したように「大学」へと改称する専門学校が相次いだのである。すなわち、一九〇二年に早稲田大学、〇三年に法政大学・明治大学・日本大学、〇五年に関西大学・中央大学、一三年に専修大学というように、各専門学校は「大学」へと名称を改称していったが、この段階では、これらの私立の「大学」は法的にはあくまでも「専門学校令」による専門学校としての扱いをうけていたのであり、「自称の大学」という段階に過ぎなかった。

しかし、一九一〇（明治四三）年前後、すなわち明治末期から大正初期にかけて、私学は法的には専門学校に甘んじていたが、帝国大学に遜色の無い授業内容や陣容を擁するようになった。そして、相ついで創立三〇年という実績を迎えるに至り、卒業生も各界で顕著な活躍を強く示すようになった。すなわち、名実共に「大学」の機能を果たし得るまでに発展成長してきたのである。こうした中で、日本の産業革命が成し遂げられ、高等教育へ進学する中等教育の進展に合わせて、高等教育の充実、とくに量的拡大が社会的に要請されることとなった。すなわち、高等教育の早急な改革と整備が求められることとなり、遂に、一九一八年一二月六日に「大学令」と「高等学校令」が公布されたのである。「大学令」は、「大学ハ国家ニ須要ナル学術ノ理論及応用ヲ教授シ、並其ノ蘊奥ヲ攷究スルヲ以テ目的トシ、兼テ人格ノ陶冶及国家思想ノ涵養ニ留意スヘキモノトス」（第一条）と規定し、「大学ニハ数個ノ学部ヲ置クヲ常例トス。但シ特別ノ必要アル場合ニ於テハ単ニ一個ノ学部ヲ置クモノヲ以テ一大学ト為スコトヲ得」（第二条）として、これまで総合大学を原則としていた帝国大学に比べて単科大学の設置も認めたのである。

さらに、「大学ハ帝国大学其ノ他官立ノモノノ外本令ノ規定ニ依リ公立又ハ私立ト為スコトヲ得」（第四条）（『法令全書』）と規定して、遂に官立以外に公立・私立の大学が法的にはじめて認められるというまさに大学立法史上において画期的なものとなったのである。すなわち、この「大学令」によって、専門学校であった私立の自称「大学」が名実共に法的に「大学」として認知される道が開かれたのである。かくして、これ以後、冒頭に記したように一九四〇年度現在までに国立（帝国大学）七、国立（官立大学）一二、公立二、私立二六の合計四七大学が順次認可されていったのである。

Ⅳ　私立大学の類型

戦前、一九四〇年度現在の私立大学は二六校であった。「大学令」による認可順に列挙すれば次の大学である（内は認可の年月日）。

慶應義塾大学・早稲田大学（一九二〇年二月五日）　明治大学・法政大学・中央大学・日本大学・国学院大学・同志社大学（同年四月一六日）　東京慈恵会医科大学（一九二一年一〇月二〇日）　龍谷大学・大谷大学・専修大学・立教大学（一九二二年五月二七日）　立命館大学・関西大学・拓殖大学（同年六月七日）　立正大学（一九二四年五月二〇日）　駒澤大学（一九二五年四月一日）　東京農業大学（同年五月二〇日）　日本医科大学（一九二六年二月二七日）　高野山大学（同年四月六日）　大正大学（同年四月七日）　東洋大学（一九二八年四月二日）　上智大学（同年五月一〇日）　関西学院大学（一九三二年三月八日）　藤原工業大学（一九三九年五月二九日）

これらを大まかに類型的に区分けするならば、ほぼ次のように二分類できるであろう。

一、総合大学・準総合大学（二学部以上）　慶應義塾・早稲田・明治・法政・中央・日本・同志社・専修・立教・関西・上智・関西学院

二、単科大学　国学院（文学部）・東京慈恵会医科（医学部）・龍谷（文学部）・大谷（文学部）・立命館（法経学部）・拓殖（商学部）・立正（文学部）・駒沢（文学部）・東京農業（農学部）・日本医科（医学部）・高野山（文学部）・大正（文学部）・東洋（文学部）・藤原（工学部）

さらに、大まかな特色として、宗教系の大学では、仏教系で、浄土真宗の西本願寺が創立した龍谷大学、同じ浄土真宗の東本願寺が創立した大谷大学、日蓮宗の新井日薩が創設した宗教院から発展した立正大学、曹洞宗の専門学校・大学林から発展した駒沢大学、真言宗の高野山古義大学林から発展した高野山大学、天台宗の天台宗大学・真言宗豊山派の豊山大学・浄土宗の宗教大学が合併して設立した大正大学があげられ、キリスト教系では、アメリカン・ボードというミッションから資金と人材を得て新島襄が創立した同志社大学、米国聖公会伝道局の英語学校から発展した立教大学、イエズス会の上智学院から発展した上智大学、米国南部のメソジスト監督教会の神学校から発展した関西学院大学があげられ、神道系では、神道教導職らが設立した皇典講究所から発展した国学院大学がある。

医学系の大学では、高木兼寛らが設立した成医会講習所から発展した東京慈恵会医科大学、済生学舎を起源として発展した日本医科大学があり、農学系では、徳川育英黌農業科から発展した東京農業大学があり、工学系では、藤原銀次郎・小泉信三らが設立した藤原工業大学がある。そして、拓殖系では、台湾協会が創設した台湾協会学校から発展した拓殖大学があげられる。

これらは、いずれもその分野の指導的スペシャリストの育成をめざした独自の校風を有する大学へと発展していった。このため、この種の大学は、後継者のリクルート・システムを考えた場合、自校出身者が比較的多くを占

めることが特色である。

その他の大学は、大学院、文学部・経済学部・法学部・医学部・政治経済学部・商学部・理工学部・法文学部・商経学部・工学部・法経学部・経商学部等の内、一学部によって成る単科大学か二学部以上を擁する総合・準総合大学である。

内訳は、慶應義塾大学は大学院、文・経済・法・医の四学部から成り、早稲田大学は大学院、政治経済・法・文・商・理工の五学部から成り、明治大学は大学院、法・商・政治経済の三学部、中央大学も大学院、法・経済・商の三学部、日本大学も大学院、法文・商経・工の三学部から成り、法政大学は大学院、法文・経済の二学部、専修大学も経済・法の二学部、関西大学も大学院、法文・経商の二学部から成り、立命館大学は法経学部の一学部、東洋大学も文学部の一学部から成っていた。

これら大学の大半は、学部に入学させる中学校卒業者を入学資格とする予科を備えるとともに、専門学校としての専門部をも併設して、政治・経済・法・商・工・文・高等師範・宗教・芸術・経理・国漢・医科系等の数科を設置して、学部に準じる専門の学問を教授していた。この専門部の学生は、学部学生に匹敵する学生数を有するところも少なくなく、戦前の高等教育を考える場合、看過し得ない役割を果たしたことに留意しなければならない。

V　一八八〇年代からの総合的私学の志

東京大学が設立されて間もない一八八〇（明治一三）年代にあって、東京で独自の志を創立の理念に掲げていた代表的な私学として慶応義塾（後の慶應義塾大学）と東京専門学校（後の早稲田大学）をあげることができる。

慶應義塾大学の志は、創立者福澤諭吉の思想そのものが大学創立の理念となっている。一八六八（慶応四）年四月に築地鉄砲州から芝新銭座に私塾を移し名称を慶應義塾と称した福澤は、つぎのような、門下生小幡篤次郎文案に加筆した『慶應義塾之記』を配布して、義塾の教育の主義と精神を世に示した。

今爰に会社を立て義塾を創め同志諸君相共に講究切磋し以て洋学に従事するや、事本と私にあらず、広く之を世に公にし、士民を問はず苟も志あるものをして来学せしめんを欲するなり。〔略〕抑も洋学の以て洋学たる所や、天然に胚胎し、物理を格致し、人道を訓誨し、身世を営求するの業にして、真実無妄、細大備具せざるは無く、人として学ばざる可らざるの要務なれば、之を天真の学と謂て可ならんか。吾党此学に従事する茲に年ありと雖ども僅かに一斑を窺のみにて、百科浩瀚、常に望洋の嘆を免れず。実に一大事業と称す可し。然ども難きをみて為ざるは丈夫の志にあらず、益あるを知て興さざるは報国の義なきに似たり。蓋此学を世に拡めんには、学校の規律を彼に取り、生徒を教道するを先務とす。仍て吾党の士相与に謀て、私に彼の共立学校の制に倣ひ一小区の学舎を設け、これを創立の年号に取て仮に慶應義塾と名く。

（『慶應義塾百年史』上巻、一九五八年、二五七―二五八頁）

ここには、西洋の学問を学生の階層を問わず幅広く教授しようとする平民洋学者の志が横溢しており、義塾講学の精神が立国の主義に立っていることが示されている。そして、時あたかも戊辰上野戦争に際してその砲声を聞きながらも、福澤が英書で経済の講義を続けた有名なエピソードでも知られるように、不偏不党の態度を堅持して義塾独立の志操を守りぬいたのである。創立者福澤は、「国と国とは同等なれども、国中の人民に独立の気力なきときは一国独立の権義を伸ること能はす」（『学問のすゝめ』、初編一八七二年、一八七六年第一七編で完結）と主張して、国民個々の「一身独立」こそが一国独立の基礎となることを強調して止まなかった。福澤は、「自由」「民権」「平等」「権利」等々の近代民主主義の根幹をなす欧米の政治的社会的思想を伝えるとともにその用語の精神を啓蒙し続けた思想家である。しかし、こうした言葉が横溢していた自由民権運動の時代にあっても、福澤が「自由」「民権」「平等」「権利」よりも、むしろ力説していたのは「独立」と「気力」という概念であったように思う。すなわち、目下の日本人には「一身独立」こそがもっとも大事で、必要である、と考えていた。したがって、明治初期の福澤は、「一身独立」を妨げているものの否定に全力で立ち向かい、旧幕時代以来の儒教道徳に凝り固まっている思惟様式や幕藩体制のモラル、換言すれば、古い秩序の否定に努めた。福澤は、『学問のすゝめ』や『文明論之概略』(一八七五年)で自由平等と文明の歴史的進展を説き、旧秩序、すなわち、これまで「一身独立」を妨げてきたものの打破に努める啓蒙活動を展開した。そして、「一身独立」を実現するためには、結局は国民が学問に励む必要がある、それとともに、「気力」を回復させることが重要であると考えた。すなわち、学問という教養と修養と気力とを備えた国民の育成、これこそが「一身独立」と「独立自尊」の核心であると解してよい。こうした創立者福澤の思想が慶應義塾の志となり、建学の理念として大学へと発展させていく原動力となった。

他方、早稲田大学の志は、同様に、創立者大隈重信とその最大の理解者であり協力者であったブレインの小野梓の思想そのものが大学創立の理念となっている。一八八二年一〇月の東京専門学校の開校式の演説で、小野は大隈との合作と認めてよい「学問の独立」を宣言した中で、「一国ノ独立ハ国民ノ独立ニ基ヒシ、国民ノ独立ハ其ノ精神ノ独立ニ根ザス。而シテ国民精神ノ独立ハ実ニ学問ノ独立ニ由ルモノナレバ、其国ヲ独立セシメント欲セバ、必ラス先ズ其民ヲ独立セシメザルヲ得ズ。其民ヲ独立セシメント欲セバ、必ラス先ス其精神ヲ独立セシメザルヲ得ズ。而シテ其精神ヲ独立セシメント欲セバ、必ラズ先ズ其学問ヲ独立セシメザルヲ得ズ」(「祝開校」、『早稲田大学百年史』第一巻、一九七八年、四六二頁)と力説した。すなわち、大隈と小野は、「一国の独立」はどうすれば達成できるか、それは国を構成する国民一人ひとりの独立である。では、国民は如何にして独立できるか、それは国民個々の精神がきちんと独立していなくてはならない。その精神はどうしたら育まれるか、それは学問を学ぶしかない。しかも、それは「学問の独立」という前提の中で、学問を続ける必要がある。換言すれば、「学問の独立」が保障され、確立されてこそ、そこで学ぶ者は精神が独立して学問や人格を身につけることができる。そうした学問や人格を備えて、国民一人ひとりが独立していくことが大切である。そうしたことが、そのような国民によって構成される日本が一国として独立することができる捷径なのである。このような理念が大隈と小野の「学問の独立」の志の核心であった。もっとも、東京専門学校の場合、「学問の独立」の意味には、二つの意味があった。一つは、先にいうごとく、時の政府や政党の意のままに左右されることのない、すなわち、あらゆる政治権力から独立した存在として学問・研究を自由に行う学府、今日にいうアカデミック・フリーダムの意味の「学問の独立」である。他の一つは、以下の学校の設立時の理念にも共通するように、日本語による教授「邦語教育」という学問の独立という方針である。当時の官立の東京大学や司法省法学校では、お雇い外国人や日本人の教授陣が英語や仏語で授業を行っていたのであった。このため、東京大学の学生たちは入学以前にすでに外国語について一定の水準に達していなければならなかった。すなわち、当時は英語を主とする外国語に習熟したかなり限られた者だけしか入学できなかったのであり、高等教育を授けて国家社会の指導者をより早急に多く育成するためには当時の官学教育システムには限界があった。このため、大隈や小野は、外国語の学習に時間と労力を費やして、一握りのエリートだけという現状の人材育成では日本の近代化のための指導者育成は間に合わないと考えて、速成教育としての「邦語教育」は現下の現実的な教授法であると考えたのである。現在では考えられないことであるが、当時は、正に「邦語教育」は外国語教育からの「学問の独立」の意味が色濃くあったのである。

このように、慶應義塾大学の創立者と早稲田大学の創立者は、「一身独立」と「学問の独立」という異名ではあるが同体といい得る「志」を共有していた。両者に共通するのは発展途上にある健全なナショナリズムの志が横溢している点である。すなわち、この志によって立つ大学、換言するならば、「私立大学」は「志立大学」であるという意気込みである。大学創立の自己主張こそ、その大学の「志」の表明であることを強調しておきたい。

Ⅵ　法学系私学の志

一八八〇年代に相次いで創立された法学系の私学も志を高く掲げて時代の要請に応えた。法学系でもっとも早い一八八〇年七月に創立した専修学校（専修大学の前身）は、その九月の発足にあたり、「創立主旨」で次のように開学を宣言している。

人智大ニ発達シ、学術大ニ開進シ、〔略〕苟能其学ノ精密蘊奥ヲ究ハメント欲スルモノ、力ヲ専攻ニ致サヾルベカラズ、是専門学校ノ必需ナル所以ナリ、政府夙ニ東京大学、工部大学、司法省法学校、自余数多専門学校ノ設ケアリ、〔略〕其然リ、而シテ専攻ニ志アル者、政府建立ノ専門学校ニ入ラントスルモ、ソノ成規タルヤ、洋語ニ達シ原書ニ通ズルニアラザレハ、就学スルヲ得ザルモノトス、夫人学ニ志スモノ、或ハ学資ノ需求ヲ欠カザレバ、成業ノ期限ヲ促ガスアリ、或ハ成業ノ期限ヲ促サヽレバ、学資ノ需求ヲ欠クアリ、彼此礙碍ヲ免カレザルモノアルハ、亦世間不得已ノ情体ナリ、此徒乃官立学校ニ入ラント欲シテ能ハズ、他ニ的当ノ学校ヲ求メテ之ヲ得ズ、終ニ志ストコロニ従事セサルヲ致スハ、豈惜ムベキノ至リナラスヤ、我輩茲ニ慨スルコト日久シ、今ヤ一ノ専門学校ヲ私設シ、専ラ邦語ヲ以テ教授セントス

（『専修大学百年史』、一九八一年、一六九頁）

すなわち、ここで、強く訴えていることは、官立学校で行われている外国語による教授方法に対する私学としての姿勢である。先に東京専門学校の「邦語教育」の方針の姿勢について述べたごとく、専修学校は「邦語による教授」を掲げて開学した魁であったのである。私学の建学の理念と在野の精神は、当時の官立教育システムに対するアンチの姿勢であったことに留意しなければならないのである。

また、明治法律学校（明治大学の前身）も、一八八〇年一二月八日付で東京府知事に提出した設立上申書における教科書の項目で「諸外国ノ法律書ハ凡テ国語ヲ以テ教授ス」（『明治大学百年史』第一巻史料編Ⅰ、七〇頁）と明記している。「邦語教育」は、この時期に創設された私学の共通の理念であった。そして、明治法律学校の志は、次の「明治法律学校設立ノ趣旨」に、

明治中興識者此ニ見ルアリ夙ニ博士ヲ泰西ニ徴シ或ハ学生ヲ海外ニ遣リ或ハ校ヲ創メ或ハ会ヲ設ケ孜々汲々至ラサル所ナク将サニ人民ヲシテ皆法学ノ蘊奥ヲ極ムルヲ得セシメントセリ唯憾ムラクハ年月尚ホ浅ク未タ其功ヲ奏セス而シテ其弊ノ如キハ既ニ漸ク萌生シ人ヲシテ法学ヲ視テ以テ健訟ノ具ト為サシムルニ至レリ豈ニ救正セサル可レンヤ生等学浅ク識拙キモ嘗テ自ヲ揣ラス聊カ救正ノ志アリ同心協力一校ヲ設立シ将ニ以テ公衆共同シ大ニ法理ヲ講究シ其真諦ヲ拡張セントス名ケテ明治法律学校ト曰フ

（『明治大学百年史』第一巻史料編Ⅰ、一九八六年、七一頁）

と宣言して、当時の裁判の濫訴状況の中で三百代言と揶揄された弁護士である代言人が法律の知識を「健訟ノ具」としている状態を救い正す必要がある、との強い志である。

また、英吉利法律学校（中央大学の前身）も一八八五年七月一一日付で設立の認可を得たが、設立の志は「設立趣意書」（『郵便報知新聞』一八八五年七月三〇日号外）に次のように記されている。

方今未タ英米法律ノ実地応用ノ道ニ通スル者甚タ尠シ是レ蓋シ講師ノ数全キヲ得テ其全科ヲ教フル所ナキト蘊奥ヲ極ムルニ足レル書籍ナク又法律書庫ノ設ナキトニ由ラスンハアラス而シテ世間往々英米法律ヲ教授スルノ校舎ナキニアラスト雖モ或ハ仏国ノ法律ヲ兼修セシメ或ハ専ラ英米法ヲ攻究スルモ専一ノ力ヲ其全体ニ及ホシ以テ実地応用ノ素ヲ養フモノ未タ嘗テ之アルヲ見ス是レ常ニ英米法学者ノ慨嘆スル所ナリ余輩茲ニ見ル所アリ数多ノ英米法学者相集マリテ英米法律ノ全科ヲ教授シ其書籍ヲ著述シ其法律書庫ヲ設立スルノ目的ヲ以テ本

校ヲ設置ス

（『中央大学七十年史』、一九五五年、八頁）

ここには、当時、英法系の専修学校や東京専門学校の法学教育を除いては、司法省法学校および東京大学の官学法学教育が専ら仏法系を主流としていたのに対して、英吉利法律学校は多くの少壮気鋭の法学者が一団となって、専修学校や東京専門学校よりもさらに幅広く英法の全般に亘る法学教育をめざそうとする志を示していることが看取される。そして、理念重視の仏独法よりもむしろ「実地応用ノ道」を重視する、経験を尊重し実際を重んじる英法の精神を掲げ、具体的に社会の実用に役立つ法学教育を理念としたのである。そして、同校もまた、「邦語教育」を謳い、アカデミックな「高尚の学」よりも速成実用をめざす志を示したのである。

当時、私学が「邦語教育」をめざした理由を先に述べたが、その背景には、社会科学の用語、とりわけ法律用語などの翻訳の問題があった。幕末から文明開化の一八七〇年代頃までは、欧米の政治学や法律学の翻訳時代で、明六社の福沢諭吉・西周・津田真道・箕作麟祥等の洋学者が用語の翻訳に際して如何にその真義を日本語に置き換えるか四苦八苦していた時期であった。したがって、政治学や法律学の学理を日本語で講義することは難しく原語そのもので講義することが主流であった。しかし、八〇年前後になると、用語の翻訳も徐々に定まり、日本語で欧米の政治や法律をかなり具体的に説明することができるようになってきたために、私学がそこに着目して「速成教育」としての日本語による教育をめざすようになったことにも留意しておかなければならない。

また、一八八〇年九月一二日に開校した東京法学社（法政大学の前身）の中心で司法省雇兼民法編纂事務局御用掛であった薩埵正邦は、「東京法学社開校ノ趣旨」で、「我同胞兄弟ヲシテ権理義務ノ何タルヲ弁識シ、且皇国ノ法典ヲ熟知セシメ、以テ明治ノ文明ヲ稗補セム〔略〕今日ハ既ニ法律世界ニシテ、腕力世界ニアラザルナリ〔略〕本社ヲ設立シ、我同胞兄弟ト共ニ法律ヲ研究シ、以テ法学ノ普及」（『法政大学百年史』、一九八〇年、二〇―二一頁）に努めようとする決意を述べている。ここに、「腕力世界」を否定して「法律世界」を構築しようとする創立者たちの熱い思いと強い志を看取することができる。

Ⅶ　私立法律学校の監督と整備

一八八六年八月に「私立法律学校特別監督条規」が公布されて、東京府の私立法律学校が帝国大学総長に監督されることになった。その適用を受けたのは、専修学校（専大）・東京法学校（法大）・明治法律学校（明大）・東京専門学校（早大）・英吉利法律学校（中大）の五大法律学校であった。そして翌八七年七月公布の「文官試験試補及見習規則」に基づき八八年五月に「特別認可学校規則」が制定されて、帝国大学総長による特別監督学校は特別認可学校に指定されて、高等文官試補試験の受験資格と判任官見習への無試験任用の特典とが与えられるようになったのである。すなわち、私立学校に対して文部省が規程を設けた嚆矢で、それまで入学資格が必ずしも明確ではなかった私立法律学校は、この特別認可学校たるためには、学校の諸整備を進め、その入学資格を尋常中学校卒業もしくはこれと同等以上とすることとされ、その上に樹立されるべき専門教育の機関と位置づけられたのである。これによって認可された私学は、右の五校と独逸学協会学校（独大）・東京仏学校（法大）の計七校で、その後、発展してきて今日の専・法・明・早・中・独の老舗の各有力大学となったのである。

こうした一連の措置は、官吏への道である高等文官試補や判任官見習への登竜門が、私学では帝国大学総長監督下の法律学校だけで、それらは帝国大学法科大学の補完的役割を付与され、官立大学の代用機能を担わされていた、ということができる。このことは、他面、私立学校が常に経営難に苦しみながらも、学生へのこうした特典付与や卒業に伴う資格付与等の存続、すなわち、生き残り作戦に成功したり失敗したりして淘汰されたりして、やがて、これらを克服した私学が徐々に規模を拡大して著名な私立大学へと飛躍成長していく一里塚であったことを物語っている。

Ⅷ　新制大学の中の私大

「大学令」後の戦後の大学は、いわゆる「戦後改革」の一環として一九四七年三月「教育基本法」と同日に公布された「学校教育法」で規定されることになった。新制大学は、「大学は、学術の中心として、広く知識を授けるとともに、深く専門の学芸を教授研究し、知的、道徳的及び応用的能力を展開させることを目的とする」(第五二条)(『官報』)と規定され、高等教育は四年制の大学と二年制の短期大学となった。そして、実際には旧制の大学・高等学校・専門学校・教員養成学校等のほとんどすべてが大学になり、大学に昇格できなかった専門学校の多くが短期大学となったのである。そして、一九四七年四月から戦後の六・三・三・四制の民主的単線型の新学制が開始し、新制大学・短大の一部は一九四八年度から、一般的には一九四九年度から発足したのである。なお、新制の大学院には修士課程・博士課程が設けられ、一部は一九五〇年度から発足し、国立の新制大学院は一九五三年度から開始された。

こうして新出発した戦後の大学は、一九四九年度では、残っていた旧制度の国立は二四校・四〇、三一四人、公立一二校・二、〇九三人、私立三八校・三四、五〇七人で、合計七四校・七六、九一四人、新制度の国立は六八校・三八、六五九人、公立一八校・三、七九四人、私立九二校・八三、七九〇人で、合計一七八校・一二六、二四三人となり、大学生総数は二〇三、一五七人であった。これが、一九五〇年代後半からはじまった高度経済成長が国民の生活水準を引き上げていったために、高等教育への進学率は一九六〇年度から鰻上りに増加し、戦前の一九四〇（昭和一五）年度には四七大学・八一、七八八人に過ぎなかった大学と大学生が、二〇〇四（平成一六）年五月現在では、大学で国公立一六七校・七四七、三〇〇人、私立五四二校・二、〇六二、〇〇〇人、合計七〇九校・二、八〇九、三〇〇人を数え、短期大学で国公立五七校・一九、五〇〇人、私立四五一校・二二四、三〇〇人、合計五〇八校・二三三、八〇〇人を数え、総計一、二一七校・三、〇四三、一〇〇人に膨れ上がったのである（矢野恒太記念会編刊『日本国勢図絵』二〇〇五／〇六版、四六〇頁）。大学数は実に二五倍、学生数は三七倍の大増加である。また、私学が全大学・短大の八二パーセントを占めているのであり、ここに私学が次代の国民の育成にきわめて重要な比重と役割を担っているかが明瞭である。

おわりに

二〇〇四年から国立大学は法人化し、東京大学はその前年に大学の在り方を定めた「東京大学憲章」を創って「市民的エリート」の育成をめざすことにした。そして、ブランド力をつけることにも腐心するようになって、〇四年から卒業式に先立って学長たちがガウンを着て銀杏並木を行進するというパフォーマンスをも取り入れるようになった（『朝日新聞』二〇〇五年八月二二日号朝刊、社会部鈴木京一「東大の60年」）。一方、私大も、〇五年度に一八歳人口の減少で厳しい大学経営が続き、遂に入学定員に満たない大学数も全体の約三割に当たる一六〇校を数えて、過去最多となった（『朝日新聞』二〇〇五年七月二六日号朝刊）。国公私立の大学が、同一線上に立つことになって、各大学は大学としてのアイデンティティーを一層強く模索しなければならない状況となった。伝統校として名前さえあれば、エリート大学として入学志願者を集めることができた大学も、もはや、大学を宣伝するオープン・キャンパスを何回も開催して学生集めに汲々としているのが現状である。

大学の「伝統」とは単に目の前に「ある」ものではない。とりわけ、私立大学にとっての「伝統」とは、創設者の志を引き継いだ後進たちの、実にクリエイティブで主体的な、私学ゆえの恒常的に大学に寄せる熱い物心両面の協力の所産にほかならず、けっして先人によって蓄積されてきたもののみによって固定されているものではなく、また、固定されていくものではない。また、しばしば、大学にはそれぞれの「校風」がある、といわれることが多いが、「校風」というものは形に現われるものではなく、明瞭に説明することは困難である。しかし、「校風」はその大学の中心人物の志という個性と理念が中核となって造られることが多く、広く求心的な個性と理念を有する一人の創立者によって設立された私立大学は、自ずからその者の気風という「校風」を生み出して発展していくようである。

私は二〇数年前から、「私学発展四輪論」を説いている。すなわち、私学の発展と伝統を育んできたものは、創立者とともに、設立当初は教職員であり、教員と職員は車の両輪の関係で草創期の大学の発展の基礎を築くことに邁進した。やがて、学校から巣立った卒業生が各界で活躍しはじめ、卒業生は心のふるさとである母校の発展のために不断の努力と支援を惜しまず、母校の発展のためのもっとも強力な存在となっていく。加えて、在学生そのものが、勉学にサークルにスポーツにと、さまざまな分野で研鑽に励むことによって母校の名を讃え得る存在となっていく。まさに、卒業生と在学生もまた重要な両輪の位置を占めているのである。したがって、教員・職員・卒業生・在学生から成る四輪駆動が強力に機能することが、まさに「私学発展四輪論」の核心なのである。

目下、大学の「冬の時代」の真っ只中で、私学は、創設時の志を失うことなく、創立の理念を如何に時代のニーズに合わせて読み替えて、しかも、独自のアイデンティティーを失わずに発展していくべきなのか、その存立の真価が今改めて問われている。

（佐藤　能丸）

第三章　私立学校経営の自立――早稲田大学の場合

はじめに

どんな私立大学も、どれほど高邁な教育理念を掲げようとも、立脚すべき磐石の財政基盤がなければ、永続はかなわない。明治二二年印行の『官公私立東京諸学校一覧』[1]に紹介された諸学校のうち、どれだけ多くの学校が、「大学」となる前にうたかたのごとく消え去ったであろうか。それらが消滅した理由の一斑は、財政事情の悪化にあったにちがいない。学校の財政をいかに精妙に運営するか、そのためにはどのような運営体制を整えるか、そして、教育理念と経営組織をいかに連繋させるかは、創立以来今日に至るまで、すべての私立大学が背負ってきた永遠の課題である。

私立大学が志立大学であると同時に資立大学であること[2]の要件は何であろうか。

私立大学の創立者は、各人が抱懐した志――建学の精神――を具現し、これを後世に永く伝えるために、経営基盤を固めなければならなかった。あとを襲った後継者たちは、創立者の理念を継承しつつも、場合によっては創立者の専横的影響を警戒しながら、学校を自立に導かなければならなかった。本稿は、早稲田大学を中心にすえつつ、かつ、明治期半ばまでに創立され、その後大学の地位を獲得するに至った在京の私立法律学校と早稲田大学とをくらべることにより、経営の自立という命題が達成された道筋を探ろうとするものである(3)。手法としては、貸借対照表などの帳票類をたよりに経営実績をたどるというよりも、経営組織とその意思決定のあり方に力点をおく(4)。

I　法律学校の創立者と学校の経済的自立

ある程度高度の知識を教授する民間の学校が、国の学校体系にはじめて組み込まれたのは、明治三六(一九〇三)年公布の「専門学校令」によってである。本勅令により認可された私立専門学校を『日本帝国文部省第三一年報』にしたがって分類すると、**表3-1**のようになる。なお、この一覧には「大学」の名称を持つ学校もあるが、当時、正式の大学は東京帝国大学と京都帝国大学の二つだけであり、私立の学校は、自前の予備門を用意するなどの条件つきで大学呼称を許されたのであった。

ここに掲げたどの学校にも創立者がいる。彼らは、自身の理想を教育の現場に吹き込むだけでなく、学校を存続させるために、はなはだしい辛酸をなめた。創立者亡きあとを引き継いだ後継者は、その遺産をさらに発展させるために苦労を積み重ねた。本書の他の論攷では、そうした例が慶應義塾、同志社、日本女子大学、東海大学について論じられている。本稿では、法律学の教授を目的として設立された法政、専修、明治、中央、日本、そして部分的にはこれの系統に属する早稲田という、東京の諸大学の創立者たちが学校生き残りにかけた算段と、後継者たちが経済的自立をめざしてとった手段について、それぞれの個性を他とくらべるために素描しよう。けだし、これら

表3－1　私立専門学校一覧，明治38（1905）年

医学・薬学	政治学・法律学・経済学	文　学	宗　教
東京慈恵医院医学専門学校	早稲田大学	早稲田大学	曹洞宗大学
熊本医学専門学校	慶應義塾(大学部)	慶應義塾(大学部)	天台宗大学
	東京法学院大学	台湾協会専門学校	真宗大学
	明治大学	哲学館大学	日蓮宗大学林
	法政大学	国学院	同(高等科第一部教場)
	日本大学	青山学院(高等科)	浄土宗大学
	専修学校	明治学院（高等学部）	同(専門科)〈分校〉
	京都法政大学	日本女子大学校	東京三一神学校
	関西大学	青山女学院（英文専門科）	青山学院(神学部)
		女子英学塾	明治学院(神学部)
		同志社専門学校	仏教大学
			古義真言宗聯合高等中学
			同志社神学校
			大阪三一神学校
			東北学院(専門科)
			真宗勧学院(高等科)

出典：『日本帝国文部省第32年報 自明治37年至明治38年』149～150頁。

は当時それぞれが「五大法律学校」の一員として知られただけでなく、共通の運命をたどった点に特徴がある。

一、法政大学

法政大学の最前身である東京法学社は、フランス法を教える法律学校として、明治一三（一八八〇）年、金丸鉄、伊藤修、薩陲正邦の手により東京駿河台に誕生した[5]。その翌年には東京法学社の講法局が独立して東京法学校を名乗り、薩陲正邦が主幹としていっさいを取り仕切った。三年後、東京神田小川町の四五五坪に校舎を新築したが、資金の大半は教頭ボアソナードほかからの借金によるものであった。これとは別に、明治一九（一八八六）年、仏学会が付属事業として東京仏学校を創立した。古市公威を学校長心得とし、七名の理事員が運営にあたった。本校は母体の仏学会から支援を得たほか、翌二〇年より二二年までの三年間、司法省より毎年五、〇〇〇円の補助金を受けた。

その明治二二（一八八九）年に東京法学校と東京仏学校とが対等合併して和仏法律学校となり、校長を助けて学校運営にあたる理事員に、双方の学校から一六名ずつ計三二名が就任し、校長一名と学監二名がおかれた。ただし、校長は名誉職であり、「校長ヲ補佐シテ校務、財務ソノ他諸般ノ校務ヲ主掌」する学監が実質的な校長であったが、翌年には一名に減じられて教務のみを担当し、財務は新設の事務長が分掌することとなった。もっともこの事務長は明治二八年に廃止され、学監二名体制に復した。そして明治三一年、民法公布とともに財団法人を組織した。法人化にともない理事を三名としたのは、学校設立者三名体制を引き継いだものであろう。三理事の互選により法学者梅謙次郎を設立者として登記、梅は理事長（専任理事と称した）と校長を兼務した。維持員は五八名と多く、うち校友会選出維持員は一〇名であった。和仏法律学校法政大学と改称するのは明治三六（一九〇三）年である。

二、専修大学

東京法学社と同じく明治一三（一八八〇）年に、東京京橋区木挽町の由利公正宅を無償で借り受けて開校したのが専修学校である。[6] アメリカ流の経済学と法律学を日本の若者に伝えることがその狙いであった。校主総代は駒井重格であるが、「私立学校開業上申」を連署で提出した相馬永胤、金子堅太郎ら八名が経営の実権を握っていた。明治一七年に初の校地五六〇坪を今川小路に購入したけれども、購入資金は創立者たちの醵金や借入金でまかなわれ、土地はその一人田尻稲次郎の名義である。明治二二年には政治科を増設したが、二年後には法律科ともども廃止の憂き目にあった反面、経済科が名声を高めていった。

民法制定後、法人格を得る方向へ踏み出したが、学校名義の資産がないため、明治四〇年に社団法人を選択した。有力講師と有力校友よりなる二〇名以上の社員が社員会を構成し、その総会で理事と監事を互選した。学則改正などの申請は、明治四三年までは専修学校長相馬永胤の名義で行われたが、翌年からは社団法人専務理事高橋捨六の名義で提出されている。専修大学と改称したのは大正二（一九一三）年であるが、経営組織に変化はなく、大正九年に「大学令」に基づく大学となった際に、基本金を募集したうえで、財団法人に変更した。法人の意思決定に関与する評議員は一〇〇名以内と定められたが、設立時には三四名にとどまったほか、学長一、理事六、監事三名がおかれた。

三、明治大学

明治一四（一八八一）年、岸本辰雄、宮城浩蔵、矢代操の三名により、フランス法を教える明治法律学校が有楽町数寄屋橋旧島原邸内に創立された。(7) 草創期にはその三名が「月番にて交々幹事の任に就き、以て一切の事務を執りしのみならず、三氏常に相会して事を議」したけれども、(8) やがて最高議決機関は、「校員会」という教職員の集合体となった。生徒が増えて旧島原邸では収容しきれなくなったので、五年後に自前の校舎を神田駿河台南甲賀町に新築、移転した。さらに二年後、校長と教頭をおき、初代校長に岸本、教頭に宮城が就任した。

明治大学と改称したのは、「専門学校令」公布後の明治三六（一九〇三）年であるが、基本金を募集したうえで財団法人となったのは、さらに二年後の三八年であった。任期五年の商議委員一五名が最高議決機関の商議委員会を組織し、商議委員会は任期三年の理事四名を選出、うち一名が校長を兼ね、他の三名を学監と呼んでいる。

四、中央大学

明治一八（一八八五）年、岡山兼吉、奥田義一、山田喜之助、江木衷ら一八名が発起人となって、英米法を教える英吉利法律学校が創立された。(9) 重要案件は設立者たちの協議により決定されたが、日常の運営と管理は校長増島六一郎と幹事渋谷慥爾の裁量で処理された。増島は校地用地として東京神田錦町の明治義塾跡地八〇坪余と建物を四、一二八円で購入したが、その資金は借り入れによるらしい。『中央大学七十年史』は、「設立者相互の間には権利義務に関する一片の約束もなく、資産の帰属についてもまた同様であって、設立者は共同してその経営を企画したに過ぎなかった」[10]と記し、明治二一年に特別認可学校となったときに具申した、「設立者は連帯して本校百般の責務を負担し且権利を有す。校長は外部に対して本校を代表するものなれども内部の権利及び責務に付ては他の設立者と異なることなし」という断り書きを引用している。

英吉利法律学校は明治二二年に東京法学院と校名を変更し、さらに明治三六年に社団法人東京法学院大学を設置して、東京法学院を「専門学校令」による東京法学院大学と改称した。社員は定款では二五名以内であったが、当初は従前の維持員一四名がそのまま社員となり、翌三七年に二三名に増やした。理事は三名とし、うち一名を学長と称した。中央大学と改名したのはその翌年である。社員の人数は大正七年に五〇名以内、八年に八〇名以内と拡大された。その大正八年に「大学令」による大学となるが、認可の要件が財団法人であったため、大学基金を募集したうえで、社団法人を解散して財団法人を設置した。理事三名はこれまでと変わらないが、定員一〇〇名以内とされた評議員は、財団法人設立時は七九名で、その内訳は功労者が二三名、講師が二〇名、卒業生が三六名となっていた。

以上の法律学校の場合、問題なのは、明治一〇年代末から二〇年代初めにかけて、「私立法律学校特別監督条規」や「特別認可学校規則」、「文官試験試補及見習規則」を通じて、法律学校[11]が政府の監督・統制下に組み込まれていったことである。その結果法律学校の平準化が進み、カリキュラムから個性が失われていったが、それと引き換えに法律学校が得たのは、卒業生に対するさまざまな特典であり、在学中の徴兵猶予の特典であって、これは生徒募集の際に目玉として利用できた[12]。しかし、明治二二年に「大日本帝国憲法」が発布され、翌年に法律が矢継ぎ早に制定されると、法律学校が教える法律科目は日本の法律に関するものが主となり、外国法の講義はあいついで片隅に追いやられた。和仏法律学校は例外であるが、英吉利法律学校はもはや外国法を校名に掲げることすらかなわなくなった。いわば、学校創立当初の志そのものが方向転換を余儀なくされたのである[13]。いくつかの法律学校は、名を捨てて実を取り、法理研究よりも職業教育に徹したからこそ、のちに大学となって生きながらえることができたといえる。

五、日本大学

大日本帝国憲法が発布された明治二二（一八八九）年の秋、東京飯田橋の皇典講究所内に開校した日本法律学校は、他の法律学校が遭遇したような法学教育の理念変更を経験することがなかった。本校創立に名を連ねたのは一一名であるが、内務卿時代に国学振興を目的に皇典講究所をつくり、みずから所長に就任していた司法大臣山田顕義が、日本固有の学問のうえに欧米文化を取り入れた法律専門の学校づくりをめざして、日本法律学校を設立したのであった[14]。創業費七〇〇円を皇典講究所から借りたほか、自身も数万円を融通したと推測されているように、山田は学校設立と経営を強力に援護した。校長には金子堅太郎が招かれ、幹事には宮崎道三郎、樋山資之、野田藤吉郎が就任し、評議員には山田顕義、井上毅、渡辺洪基ら法曹界の錚々たる有力者三〇名が名を連ねた。

いかにも順風満帆の船出とみられたが、三年後に山田が急逝するやたちまち資金難に陥り、廃校すら取りざたされた。このときは金子堅太郎が校長を松岡康毅に引き継ぎ、講師給引き下げと若年教員採用による経費削減で乗り切ることができた。また、「判事検事登用試験規則」に基づき、五大法律学校と関西法律学校、独逸学協会学校、慶應義塾に加えて日本法律学校の卒業生にも受験資格を与えられたことにより、生徒確保すなわち経営基盤安定化の目途が立った。明治二九年には、神田三崎町の二二〇坪弱を三菱岩崎家から賃借し、七、五〇〇円余で校舎を新築してここに移転。そして三一年には財団法人を組織した。寄附行為書第四項には、「現在所在ノ校舎、株券及ヒ皇典講究所ニ対スル債権〔山田顕義が貸していた資金〕、銀行預ケ金ヲ以テ本校ノ基本財産トス」と記されている。一五名以上二〇名以内の維持員が経営の責任を負い、執行部は理事三名で、うち一名を校長とし、二名は維持員の互選によった。日本大学と改称したのは明治三六（一九〇三）年である。

Ⅱ　早稲田大学における経営の自立

一、庇護*vs.*自立

「明治一四年の政変」で参議の座から放逐された大隈重信と、彼に同調して官界を去った小野梓が、明治一五（一八八二）年四月に立憲改進党を結成したのに続いて、東京大学を七月に卒業したばかりの高田早苗、天野為之らを講師にすえて、東京専門学校を設立したのは一〇月であった。[15] 最初の校舎は、開校前の九月上旬に大隈重信の養子英麿名で東京府に提出された「私塾設置願」[16]によれば、東京府南豊島郡下戸塚村にある大隈の私有地一、五〇〇坪の上に建つ四六〇坪の建物一棟（うち二階が二〇〇坪）であり、九月末までに落成した新校舎三棟も「大隈が寄附したもので、ざつと一万円ぐらゐかゝつたらうといはれる。」[17]「私塾設置願」には経費の見込み額も記されていて、支出側に教職員の諸給料が五、五〇〇円、諸雑費が六〇〇円、予備金が三〇〇円の合計六、四〇〇円が見込まれている。生徒が二二〇名は集まるであろうと想定してか、授業料収入は二、四〇〇円と予定されている。しかし、これだけでは出費を賄えないので、学校維持原資金として四、〇〇〇円が計上された。最初のうちは、大隈重信の懐を当てにしていたのはまちがいなく、「補助料」または「補助金」は、はじめのうちは毎月一六六円六六銭六厘六毛すなわち年額二、〇〇〇円であったが、一六年二月から一八年八月までは毎月一五〇円（年額一、八〇〇円）、一八年九月からは毎月七五円（年額九〇〇円）と、減額はされたものの継続していた。

校長には大隈英麿が就いた。校長とは、大隈英麿のあとを継いだ前島密にせよ、大隈重信が第三代校長に任命した鳩山和夫にせよ、半峰高田早苗によれば、「名誉的なもので俸給など出すのでなく、従て学校の日常の事には余り関係しなかつた。」[18] 学校経営に責任をもつのは五名の議員（鳩山和夫、成島柳北、小野梓、矢野文雄、島田三郎）であり、議員会（明治二三年ごろ「評議員会」と改称）は定期的に大隈邸で開かれた。会議には、ときおり参加する数名の議員と、幹事（秀島家良）と、高田早苗ら数名の講師が出席し、校務全般を協議した。出席者の発言は平等に扱われたが、重視されたのは小野と高田、とりわけ高田の意見であったらしく、たとえば、高田としばしば衝突した秀島は明治一七年に学校を去った。また、明治一八年に生徒の不足と講師確保の困難を理由として講師山田一郎が提出した法律学科廃止論や、翌年高田ら講師数名が経営難解消のために献策した授業料値上げ案などのように、紛糾を招きそうな重要議題が審議される場合には、大隈重信も陪席して、彼の最終的決断を仰いだ。

こうして、すすんで口出しこそしなかったらしいが、大隈の存在は圧倒的であった。その大隈から学校を独立させようとする最初の動きが、右の授業料値上げである。最初の生徒納付金値上げは、開校前の収支の見込み違いを修正すべく早くも二ヵ月後の一二月に断行された。世間相場の月額一円という授業料そのものの年度途中での改定でなく、「教場費」の名目で月額二〇銭を徴収し、実質値上げに踏み切ったのである。教場費はその後、月額三〇銭まで引き上げられて、授業料と合算すると一円三〇銭まで増額されたことになる。しかし、この窮余の策も奏功せず、また、学校財政に懸念を抱いた専任講師たちが明治一七年五月からはじめた給料一割天引き寄附（明治二〇年代半ばまで続けられた）も焼け石に水でしかなく、財政はあいかわらず火の車であった。ついに明治一九年三月、大隈重信も臨席して大隈邸で開かれた議員会に、高田早苗、田原栄、天野為之、市島謙吉が作成した建議が諮られ、授業料の値上げが決まった。市島はこの間の事情を次のように伝えている。

学校も創立以来漸次隆盛に赴いて、一八年の暮には已に三年の星霜を送り、学生も数百名の多きに上りましたから、経済も寛やかになるべき筈でありますのに、事実はこれに反比例を為して居たのです。それはどういふ訳かといふに、月謝の滞納者が非常に多くて、其の三分の一も取り立てられない、此の月謝滞納のために学校では非常に困難して、之がために大隈伯の救助を仰いだことが幾度だか知れない程です。……学校の目下の財政困難はどうしたら救へるであらうか、詰まり一円の月謝を一円八〇銭に引きあげるより外致し方がない、八〇銭増額すれば初めて夏期の休業中教師に給料を払ふことが出来る計算になる、併かしながら従前の如く月謝の滞納者が多くては矢張り元の杢阿弥であるから、此の処非常の英断を以て月謝徴収を励行せねばならぬ、其の方法としては、滞納者はドシドシ停学を命ずることにしたら善からう、又た学生に対しては、八〇銭を増額する代りに英語兼修のため無料で書籍を貸与するといふ事にしたら不満も無からう、斯様にして学校は全く月謝の収入を以つて経済を立て、自今断じて大隈伯の救助を仰がざる事にしよう。これが即ち建議の要点です[19]。

この値上げに関して高田早苗も、異口同音に回顧している。

理論的には一つの学校ともあるものが、仮令戴く其人は大隈伯のやうな大人物であるとしても、常に其の庇護の下に居ねばならぬやうでは到底理想的事業として永遠に経営するには適しないと私が主張し、同志が皆之に賛成し、いよいよ独立と決心して、先づ算盤を弾いて見ると、学生の月謝が従来は一円であつたのを一円八〇銭に値上げすれば、どうか斯うか学校の経済が成立つて行くだらうといふ事が判つた。そこで我々元気な若い者等は直ちに之を実行する事に取かゝり、私が学生を集めて事情を訴へ、遂に八〇銭の値上げに同意させ、大隈家の好意的補助を謹んでお断りする事になつた[20]。

ただし、値上げ幅に関しては留保が必要である。なぜなら、このとき授業料の値上げと引き換えに、月額三〇銭の教場費の徴収が廃止されたので、生徒からみれば、値上げ幅は八〇銭でなく五〇銭にとどまり、八〇％でなく三八・五％の上昇となるからである。それでも、こうして授業料は改定され、東京専門学校が掲げた教育の目標の一つである「学問の独立」に次いで、「経営の独立」が実現に向けての第一歩を踏み出した。大隈重信の毎月の「補助料」あるいは「補助金」は、この明治一九年三月を最後に支給打ち切りとなったのである。

学校が教育事業を継続していくためには、磐石の基本財産を有することが必須である。しかし、東京専門学校の場合、創立時から大隈に依存するところがはなはだ大きく、土地も建物も学校名義のものは何もなかった。そんな中で、唯一基本財産とでも呼べるものは、公債であった。学校がはじめて公債を保有したのは開校五年後の明治二〇年であるが、三万四、三〇〇円の公債証書の購入資金は学校の余剰金から出たのではなく（余剰金が出たら借金返済に充てるのがつねであった）、この年六月、大隈重信が雉子橋の広大な土地家屋を売却して得た五万五、〇〇〇円から出たものであり、大隈の寄附なのである。その利子は毎年二、四〇〇円ないし二、五〇〇円の収入を生み出した。ちなみに、明治二一年二月の収入のうち資産利子収入は一六・六％を占めていたが、財政規模の拡大に伴い利子収入の比重は小さくなる一方であり、資産としての価値も相対的に低下した。

さて、前述したように、創立以来の毎月定額の補助金は明治一九年三月で打ち切られたが、その後学校の財政が一挙に好転したとはとてもいいがたく、不足が生じて銀行や金貸しからの借入に難儀するたびに、学校は大隈に泣きつかざるをえず、臨時の補助金が数千円にのぼることもしばしばであった。しかし、あくまでも資立学校をめざす高田らの矜持は、せめて校舎だけでも借りたことにしてその家賃を大隈に毎月支払うという形で表現された。それは明治二五年度（自明治二四年九月至二五年八月）から実行された。本年度には毎月一〇〇円、計一、二〇〇円を支払い、二八年度（自明治二七年九月至二八年八月）の途中から毎月二〇〇円（年額二、四〇〇円）に増額した。

二、環境の好転？

明治一九年夏、文部省は「私立法律学校特別監督条規」に基づき、「東京府下ニ於テ適当ナリト認ムル私立学校ヲ択ヒ特ニ帝国大学総長ヲシテ監督セシ」めることとした。その年の暮れ、法学部は特別監督学校となり、カリキュラムを帝国大学のそれに近づける形で手直しした。この「私立法律学校特別監督条規」は二一年に「特別認可学校規則」に替わり、特別監督学校はすべて特別認可学校に指定されて、高等文官試補試験の受験資格と判任官見習い無試験任用との特典が法学部に与えられた。本規則は「法律学政治学又ハ理財学ヲ教授スル私立学校」が対象であったが、政府の干渉を警戒した政学部は認可を申請しなかった。この「特別認可学校規則」は二六年に廃止されたが、法学部は司法省指定学校となって引き続き判事検事登用試験の受験資格を与えられた。二七年になると、在学中の徴兵猶予と卒業後の一年志願兵資格が法学部に付与され、三二年以降は全科に適用された。如上のようなわが国の法律家育成政策が都心の私立法律学校の財政に救いの神となったことは、四二〜四三頁に前述したところであるが、東京専門学校の場合、生徒数の推移をみるかぎり[21]、短期にはカンフル剤的効果はあったものの、法学部と他学部とのあいだにほとんど差のない二〇年代後半の生徒数微増が、どれだけこれらの特典のおかげであったかを判定するのはむずかしい。都心から離れているという立地条件が、都心部の学校とはちがう結果をもたらした可能性がある。

明治三二年には中等教員免許資格がはじめて私立学校卒業者にも認められ、東京専門学校ではこれが文学部に付与された。ただし、五〇名以内という生徒定員は厳格に遵守されなければならなかったから、他学部で行われていたように志望者を無制限に入学させて、学費収入を増やす手段とはならなかった[22]。

財政を独立させるうえで官製の特典付与よりも効果が大きかったのは、明治三二年からはじまった入学検定料徴収である。入学試験そのものは開校当時から随時行われていたのだが、受験料は徴収されなかった。明治三〇年代になると、東京専門学校の社会的名声の高まりと、いくらか高度な専門教育を受けることによってスキルを身につけたいと願う若年層の増大が、入学希望者の増加を招いたであろう。とくに、大学部の予備門としての高等予科が発足すると、入学希望者が増えてくる。明治三三年度（自明治三二年九月至三三年八月）の収支決算をみると、受験手数料収入は収入総額の二・六％、その翌年度（自明治三三年九月至三四年八月）には三・八％を占めていて、入学金収入を上回った。現に入学しなかった人びとに対して学校はその後のサーヴィスに何の責任も負わなくてすむという点で、まさに濡れ手に粟の収入源であり、受験生が増えれば増えるほどうまみは増していく。

さらに有力な救いの手を差し伸べたのは、出版事業である。東京専門学校出版局から「政学部講義」と「法学部講義」との二種類の講義録がはじめて発刊されたのは明治二〇年のことであり、通信教育は、全国の向学心に燃える多数の人びとに自宅学習の機会を提供した[23]。明治三五年度（自明治三四年九月至三五年八月）の収支決算をみると、収入総額六万一、三六四円のうち「出版部ヨリ補助」額は八、〇〇四円余（一三％）にのぼっている[24]。収入不足の一部は出版部からの補助金で埋め合わせられたので、これが大隈の補助金の代替となり、財政の自立に導く有力因子となったのであった。

三、経営組織の変遷

東京専門学校の経営に責任を持つ組織は、四五頁に前述したように議員会（のち評議員会）である。創立者大隈重信は名を連ねていないけれども、彼を抜きにしてはどんな重要事項も決定できなかったから、大隈の意向は最重要視された。私立学校が私有学校ならぬ公器であってみれば、創立者の独断専行に歯止めをかけるための装置が不可欠である。学費改定を断行した明治一九年、学校の公共性強化と経営安定を目的として議員を一六名に増員した際、そのうち四名を専任講師とした。教育現場の意見をこれまでどおり経営に直接反映させる代わりに、教壇側の発言権をある程度まで制限するという意味合いがあったものと推測される。高田早苗が議員兼講師として名を連ねたのは、大隈の全幅の信頼を一身に集めていたからであるが、高田はその後、東京専門学校—早稲田大学のリーダーとしてめきめきと頭角を現わしてくる。[25]

二三年には評議員に卒業生を二名加えた。卒業生に社会の意見を代弁させて学校経営に活用し、あわせて学内の状況を卒業生に伝達させるという二重の役割を期待した措置である。学校と卒業生とのあいだに太いパイプを築くことは必須ではあるが、しかし太くなりすぎると学校経営に支障をきたしかねないという問題は、爾来、私立学校ならではの悩みの種となる。

わが国初の「民法」は明治三一年に完成した。その第三四条には公益法人に関する定めがあり、「祭祀、宗教、慈善、学術、技芸、其他公益ニ関スル社団又ハ財団ニシテ営利ヲ目的トセサルモノハ主務官庁（学術、技芸の場合は文部大臣）ノ許可ヲ得テ之ヲ法人ト為スコトヲ得」とある。これにあわせて公布された「民法施行法」の第一九条には、「民法施行前ヨリ独立ノ財産ヲ有スル社団又ハ財団ニシテ民法第三四条ニ掲ケタル目的ヲ有スルモノハ之ヲ法人トス」とある。東京専門学校の敷地や校舎はすべて大隈重信の個人資産であり、学校自身は公債証書以外には自前の財産を有していなかったため、社団法人を選んだ。社員となったのは、大隈英麿、鳩山和夫（理事兼校長）、高田早苗、天野為之、坪内雄蔵、市島謙吉の六名であるが、高田以下四名は東京大学での同学である。学校経営の実権が相当程度まで彼ら若手の手に渡ったとみてよいであろう。社員会は予算と決算を審議するけれども、実際に重要な会議体は、議員会の後身である評議員会（このときの評議員は三七名）である。これは民法上は必置機関でないが、学科課程の改正、学費の改定、規約の制定など経営・教学両面にわたる重要事項を協議した。

明治三三年、理事を二名に増員し、一名を校長、一名を学監と称するほか、監事（会計監督と称する）を新設した。学監とは、名誉職の校長に対する実質的な校長であり、これに就いた高田早苗は大学昇格へ向けての準備に着手した。監事は、民法上は必須の機関でないが、「一人又ハ数人ノ監事ヲ置クコトヲ得」とあるのに依拠して新設したのである。その狙いは、大学にふさわしく会計処理が明朗であるのを保証することにあったと思われる。実際、この年から、学校財政の実状を開示して健全さを訴えるために収支決算報告書が毎年公表されることとなった。また、大学として公共性を維持するのに欠かせない基金の募集（三〇万円を目標とする）もはじめられた。

わが国初の私立大学として早稲田大学を名乗ったのは、慶應義塾と同じく明治三五（一九〇二）年。翌三六年、「専門学校令」が公布された。この勅令には法人組織に関する定めはなかったが、早稲田大学では社員を維持員と呼び替え、維持員会を七名で構成するとともに、評議員会の性格をがらりと変えた。大隈英麿が抜けたあとを襲った大隈信常（大隈重信の養子）と、新たに田原栄を加えた計七名の維持員は、全員終身である。これまで大隈重信の了解を得たうえで任命されていた理事は、維持員会で維持員中から選任する方式に改められた。そして理事と維持員会は、教学および経営の決定・執行機関となった。これに対して評議員は、大口寄附者をはじめ功労者から選ばれた三〇名と、在京の卒業生から選ばれた二〇名との五〇名に加えて、東京以外に住む卒業生若干名でなり、このように大所帯となった評議員会からは、重要事項を決議する権限がなくなった。今日の学校法人早稲田大学の原型といってよい維持員会と評議員会の二本柱がここに誕生したのである。

明治四〇年、社団法人から財団法人への衣替えを見据えた組織変更が行われた。校長と学監を廃止するとともに理事を一名に減らし、これを学長と称して高田早苗が初代学長に就任した。維持員会の定数も一五名へ拡大した。さらに名誉職の総長を新設し、大隈重信がこれに就任して、大隈の名前が大学の名簿にはじめて載ることとなった。大学の自立に絶対の自信を持った高田が、大隈を表看板に掲げてもうしろ指を指されることはないと判断し、これまで以上に大隈の名声を大学の発展に役立たせようと考えての処遇であった。『三六年一二月ヨリ　社団法人議事録　早稲田大学』(26)の最後の記録は、明治四〇年四月四日大隈邸での維持員会の議事であり、この席で組織の大掛かりな変更と「社団法人タル本校組織ヲ財団法人ニ改正スルコト」とが決議された。議事録の末尾には「備考」として、「総長ハ名誉総長ノ意味ヲ以テ之ヲ置キ理事中ニ加ヘズ、大隈伯爵ヲ推戴スルハ創立者タルガ故ニ非ラズ、英国諸大学ガ当代ノ人傑ヲ戴クノ制ニ則レル所以ヲ述ベテ、伯爵ノ快諾ヲ得タリ」と記されている。このとき維持員に追加されたのは、浮田和民、鈴木喜三郎、塩沢昌貞、金子馬治、坂本三郎、田中穂積、島村滝太郎、田中唯一郎で、塩沢以下六名は東京専門学校卒業生である。この年秋に開催された創立二五周年記念式典で、大隈重信銅像（大礼服姿）の除幕式が行われ、校歌も発表された。席上、大隈は大学敷地の寄附を表明した。

翌四一年、理工科と医科の増設を柱とする「第二期計画」を発表して大学基金の募集に踏み切った。募集目標額一五〇万円のうち六〇万円が基金に充当される。募金趣意書には、「吾早稲田大学ハ固ヨリ私立ノ学校ナリト雖モ決シテ私有ノ学校ニアラス。吾人ノ期スル所ハ一個財団法人トシテ其組織ヲ完成シ、有力ナル国家教育ノ一大機関トシテ永ク之ヲ後世ニ伝ヘントスルニ外ナラス[27]」と記されている。そして穴八幡下の四、〇九六坪（現文学部敷地）を購入、大隈寄附の大学敷地（六、八七六坪）とあわせて登記した。早稲田大学がはじめて所有した不動産であり、財団法人の基本要件が充たされたので、社団法人解散、財団法人設立の手続きを完了した。財団法人の維持員は終身維持員七名と有期維持員八名とに分けられたが、終身維持員というのは、社団法人時代の社員七名を優遇するために設けられた制度である。その後、大正七年公布の「大学令」は、私立大学の設置者は財団法人たるべきことを正式に義務づけた。

大正一一年、創立者の総長大隈重信が死去した。創立者の死はどの大学でもいやおうなしに自立をうながし、組織に変化をもたらした。早稲田大学は終身維持員を廃止し、維持員をすべて有期とした。また名誉職の総長を廃止したうえで、学長を総長と改称し、理事の互選で選ばれる総長を教学・経営双方の代表者とするよう寄附行為書（校規）を変更した。終身維持員の廃止は、東京専門学校創立以来の功労者の影響力を薄めるためであり、教学の代表者としての学長と経営の代表者としての理事長とを独りの人物に兼務させたのは、往々にして起こりがちな双方の意見の衝突を避けるとともに、効率的な大学運営を図るためであった。この方式は今日まで受け継がれている。刷新時の理事は七名で、高田早苗が総長に選ばれた。これ以降、法人役員の増員と世代交代が進むが、組織そのものに対する大掛かりな変更は戦後まで行われない。

創立者の大隈重信は知名度が断然高く、民衆政治家として国民の人気を博した。募金活動の際に大隈の名を利用できることは、きわめて有利に作用したであろう。大隈の死によりそれがかなわなくなって、いよいようしろ盾なしの自立への道を歩まざるをえなくなったのであるが、早稲田にとって幸運だったのは、高田ら後継者の手で早くからその地ならしが完了していたことである。

（松本　康正）

注

（1）児玉又七、改正新版、明治二二年一月（専修大学所蔵）。この一枚摺り物には、東京専門学校そのもののほかに、同校直営となる以前の通信教育部門が「校外部」の名で顔をのぞかせている。

（2）「志立」とは菊池紘一氏の、「資立」とは大日方純夫教授の、それぞれ駄洒落めいた造語であるが、それでも真理の一面をついている。

（3）ただし、本稿で論及する事例はすべて、経営の自立に成功した学校または大学である。挫折した学校も豊かな教訓を残してくれるはずであるが、これの研究は今後の課題としたい。

（4）これは、積極的理由というよりも、利用した資料に制約されざるをえなかったことから生じる問題である。すなわち、明治期およびそれ以前に設立された私立大学が一〇〇周年を閲した二、三〇年前、その多くが節目を記念して大学史を編纂した。ややもすれば自画自賛的な筆致に終始することが多かった従前の記念大学誌とちがう大きな特色は、みずからの生い立ちをできるだけ客観的に描き、学術的検討に堪えうる大学史をつくろうとした点である。しかし、記念碑としての役割を放擲することは当然許されず、また自校のみに視野を狭めた記述の例も少なくない。ある課題について各大学の対処の仕方をくらべようとするとき、その対処法が共通語で説明されるのでなく、それぞれ独自の言い回しで表現されることが多く、しばしば読者を困惑させる傾向がある。本稿は、そうしたさまざまな大学史を資料として用い、乱暴なのは承知のうえで共通項を探り出そうとする試みでもある。

(5) 法政大学百年史編纂委員会編『法政大学百年史』法政大学、一九八〇年による。

(6) 専修大学『専修大学百年史』二巻、専修大学出版局、一九八一年による。

(7) 明治大学百年史編纂委員会編『明治大学百年史』四巻、明治大学、一九八六―九四年参照。

(8) 田能邨梅士『明治法律学校二十年史』明治法律学校出版部講法会、一九〇一年、二二頁。

(9) 中央大学百年史編集委員会専門委員会編『中央大学百年史』通史編上巻、中央大学、二〇〇一年、通史編下巻、中央大学、二〇〇三年参照。

(10) 中央大学七十年史編纂所編、中央大学、一九五五年、一二頁。

(11) 専修学校、明治法律学校、東京法学校＝和仏法律学校、英吉利法律学校＝東京法学院に東京専門学校法学部を加えた五校は「五大法律学校」と称された。このうち、法律科を廃止した専修学校がこのグループから抜けて、代わりに日本法律学校がその穴をしだいに埋めていく。

(12) これが東京専門学校法学部には必ずしも妥当しないことについては、後述四八頁参照。

(13) この点は、山崎利男「英吉利法律学校覚書(二)――イギリス法の受容をめぐって――」『紀要』(中央大学文学部史学科第四九号、二〇〇四年三月、一〇二～一一〇頁がくわしく論じている。

(14) 日本大学百年史編纂委員会編『日本大学百年史』三巻、日本大学、一九九七―二〇〇二年参照。日本大学は山田顕義を、創立者でなく「学祖」と呼んでいる。

(15) こうした政治的変動と、大隈重信および小野梓が抱懐する近代国家像ならびに政治理念とが、東京専門学校の教育方針を決定したことについては、本書第四章の大日方純夫「早稲田大学の建学理念と教旨」参照。また、東京専門学校―早稲田大学の通史については、早稲田大学大学史編集所編『早稲田大学百年史』八巻、早稲田大学、一九七八―九七年参照。とくに法人組織の変遷については、「法人略史および歴代役員」同書、総索引・年表、一九九七年所収をも参照。

(16) 早稲田大学大学史編集所編『東京専門学校校則・学科配当資料』早稲田大学、一九七八年、資料二。

(17) 西村真次『半世紀の早稲田』早稲田大学出版部、一九三二年、三三三頁。なお、東京専門学校二〇年間の学校財政につき、筆者は、『早稲田大学百年史』編纂時には参看できなかった会計帳簿類に目を通して、別稿「東京専門学校の財政」（掲載誌未定）を執筆した。本稿において、東京専門学校時代を扱った『早稲田大学百年史』第一巻の記述内容と相違する箇所は、そのときの新しい知見に基づいている。

(18) 高田早苗述・薄田定敬編『半峰昔ばなし』早稲田大学出版部、一九二七年、一九五頁。

(19) 「其七　市島謙吉氏談」山本利喜雄編『早稲田大学開校東京専門学校創立廿年紀念録』早稲田学会、一九〇三年、三一六―三一七頁。

(20) 高田早苗述・薄田定敬編、前掲書、一一一頁。

(21) 法学部（邦語法律科、邦語行政科）の生徒数は、『早稲田大学百年史』第一巻、一〇二四頁の統計によると、明治二〇年九六名、二一年一四〇名、二二年二〇六名、二三年二五〇名、二四年一一七名、二五年一七一名、二六年一九五名、二七年一八六名、二八年一九〇名、二九年二一三名、三〇年二四八名であった。

(22) 前注の統計で文学部の生徒数が三二年以後増えているけれども、教員免許資格の付与と引き換えに半年延長された修学年限を捨象した統計であり、扱いには注意を要する。

(23) 各種通信講義録の受講者は、明治二三年から三四年までのあいだに六万四、四三七名にのぼった。『早稲田大学百年史』第一巻、一〇二九～一〇三〇頁の統計表参照。

(24) 山本利喜雄編、前掲書、巻末の「経費収支決算」。

(25) 早稲田大学大学史資料センター編『高田早苗の総合的研究』早稲田大学大学史資料センター、二〇〇二年所収の諸論攷参照。

(26) 早稲田大学大学史資料センター所蔵「三号館旧蔵資料」二七―〇一。

(27) 『早稲田大学　第二期計画』早稲田大学、一九〇八年、四～五頁。

第四章　早稲田大学の建学理念と教旨

はじめに

私立大学分析のポイントは、第一に、「志立」と「資立」の関係、すなわち、その大学がよって立つべき理念と、その理念の展開を保障する経営の関係を捉えること、第二に〈国家との距離〉と〈国民との距離〉の関係をさぐることにある。

また、これを歴史的に分析するためには、歴史的状況と建学理念の相互規定関係に注意することが必要である。日本の近現代史に即していえば、まず、その私立大学は歴史のいかなる段階において設立され、建学理念にはその歴史的な段階性がいかに反映されているのか、別言すれば、その創立は歴史性にいかに規定されているのかを明らかにすることが必要である。さらに、その大学の発展と各歴史段階の相互性の考察を通じて、建学理念がどのようなありようを示していくのかを探ってみることが必要である。仮に建学理念自体が不変であったとしても、その意味は歴史的状況の中で変化していくであろうし、また、逆に歴史的段階に対応して建学理念は意味変化していかざるをえない。すなわち、建学理念の再定義・再創造のされ方を究明していくことが必要である。

さらに、時代の構造と大学の位置を捉える場合には、その独自性と一般性に注意をはらうことが必要である。これについては、とりあえず、以下の三つの指標を設定しておくことにしたい。すなわち、第一に、その大学の伝統（建学理念）の継承と創造の軌跡を、時代の構造との関わりで問うこと、その時々に、何を継承し、何を克服しようとしたのか、不変化の側面と変化の側面を、時間軸に沿って解明すること、第二に、理念と実態の関係を、中枢に位置する理念がその外縁においていかに象徴・表現されていくのか、その空間的な配置から明らかにすること、第三に、国家との関係、社会との関係を、その支持基盤や経営基盤、さらには学生とその父母、卒業生（校友）などを視野におさめて検討していくこと、以上である。いわば、時間軸、空間軸、社会軸の三つの軸を交錯させながら、考察することが必要であると考える。

以下、この問題を、早稲田大学の建学理念・教旨に即し、戦前期について検討していくことにしたい。ただし、紙幅の関係で大学運営・経営の実態や校友との関係については割愛し、もっぱら創立記念行事の際などに建学理念がどのように語られているのかに注目するという方法で接近してみることにする。

Ⅰ　建学理念の創出―自由民権運動と「近代国家」の造出

一、東京専門学校の開校

明治一五（一八八二）年一〇月、早稲田大学の前身である東京専門学校は開校した。開校式に際し、校長大隈英麿は「開校の詞」を朗読し[1]、その中で正科（「新主義ノ学」を学んで「早ク之ヲ実際ニ応用」する「速成ノ教授」）と、英語科（深く蘊奥を極めるための原書教育）の二つの科を設けることを明らかにした。そして、これは目下の需要に供し、わが国に「学問ヲ独立セシムルノ地歩」をなそうとするからだと説明した。しかし、この二科の設置が、なぜ「学問ヲ独立」させることにつながるのかは明らかにしていない。

続いて講師天野為之が演説し、東京専門学校議員の成島柳北が祝文を朗読した後、小野梓が演壇に立った。この小野の演説こそ、早稲田建学の精神として、以後、つねに顧みられることになるものであり、「学問の独立」の意味は、この小野演説によって明快に提示された[2]。

小野はまず、十数年後を期して学校の改良前進をはかり、邦語（日本語）をもって教育する大学の位置に進めて、日本の「学問ノ独立」を助けることができるようにしたいと語った。そして、つぎのように述べる。

一国ノ独立ハ国民ノ独立ニ基ヒシ、国民ノ独立ハ其精神ノ独立ニ根ザス。而シテ国民精神ノ独立ハ実ニ学問ノ独立ニ由ルモノナレバ、其国ヲ独立セシメント欲セバ、必ラズ先ヅ其民ヲ独立セシメザルヲ得ズ。其民ヲ独立セシメント欲セバ、必ラズ先ヅ其精神ヲ独立セシメザルヲ得ズ。而シテ其精神ヲ独立セシメント欲セバ、必ラズ先ヅ其学問ヲ独立セシメザルヲ得ズ。

今、アジアで独立の体面を全うしているのは、日本と中国しかない。しかし、日本も条約改正などの問題をかかえており、また、強国がすきを狙っているから、安心してはいられない。このような時に独立を全うするのは容易なことではない。「国民ノ元気」を養成し、「独立ノ精神」を発達させなければ、「帝国ノ独立」は期待できない。精神を独立させる「永遠ノ基」は、学問の独立にある。大隈重信はかつてつぎのように自分に語った。日本で学問が独立しないのは、学者に名誉と利益を与えないからだ。皇室財産によって学者を援助し、終世、学問の蘊奥を追求する便を得させ、学問を独立させるべきだ、と。確かにその通りである。同時に、自分の見解からすれば、外国の文書・言語でなければ高尚の学科が教授できないというのは、「講学」の「障礙」であり、「学問ノ独立」を妨げている。

こうして、小野は「学問ノ独立」のための緊急策として、「講学」の「便宜」をはかることと、「講学」の「障礙」を取り除くことの二点を提起し、前者として、大隈の示唆による皇室財政からの経済的支援策を、後者として、自らのアイデアである邦語教育策をあげた。そして、前者については「内閣諸君ノ責」にゆだねて、後者こそ東京専門学校が担当する課題だとした。

この後、小野は、政治・法律の二学がとくに速成を要するのは、社会的に需要があるからであり、政治の改良、法律の前進が日本の重要な課題となっているからだと述べる。続いて、いずれ理学を設ける予定であることを展望した後、「英学ノ一科」を設けた意味を、原書を通じて直接に海外のことを究めることとあわせて、「本邦ノ学問ヲシテ其独立ヲ全クセシメント欲セバ、勢ヒ深ク欧米ノ新義ヲ講ジ大ニ其基ヲ堅クセザルベカラズ」と説明した。そのうえで、英語を採用した理由を、「独逸ノ学」「仏蘭西ノ教」と比較して、「人民自治ノ精神」を養成し、「活潑の気象」を発揮する点では、「英国人種ノ気風」を推さざるをえないからだとする。今、国家には課題が多い。少年子弟の自治の精神を養い、活発な気象を発揮させるべきだ。そのためには、「英国人種ノ跡」に従う必要がある。「英国人種」の学問の優秀さは政治上にとどまらない。そこで、東京専門学校では、ドイツを捨て、フランスを顧みず、英書によって教育するというのである。

そして小野は、演説の最後で、「本校ヲシテ本校ノ本校タラシメント欲スル」ことを強調した。東京専門学校を「政党以外ニ在テ独立」させようとするのである（後述）。

二、小野梓演説の構造

以上が小野の開校演説の全体像である。それは、おおよそ三つの部分から構成されている。

第一は、「十数年」後の「大学」化を見通した将来展望である。「学問ノ独立」理念と邦語による専門教育の充実がこれに結びつく。これは、いかに教育するのかという教育の基本理念の表明であり、また、学校がいかなる方向をめざすのかという経営方針の提示でもある。

第二は、当面、何を重点的に教えるのかという教育内容の選択に関する説明である。これは、さらに二点に分かれる。まず、正科として政治学・法律学教育を選んだ意味が、当時の日本社会の需要との関係で説明される。これは、現実の要請（「実際」の「応用」）に応えようとする教育姿勢の表明であるとともに、学校経営を成り立たせうる現実的な見通しを示すものでもあった。ついで、別科として英語科を置いた意味が、イギリス人の「気風」（「自治ノ精神」と「活潑ノ気象」）との関係で説明される。小野がイギリスを賞揚するのは、イギリスの「国」としての優越性によってではなく、「人」のありよう、その精神・気象にある。ここにも、「一国」独立の基礎は「国民精神」の独立にあるという立場がうかがえる。

第三は、より現実的・実際的な学校運営の構えについてであり、大隈の学校ではない、立憲改進党とは別だという宣言であった。専門教育機関として存立し、やがて大学をめざそうとする東京専門学校にとって、政党からの独立を宣言しておくことは、欠かせない重要事項であった。

小野演説における「学問ノ独立」理念は「一国ノ独立」と密接につながっており、そこには、「一国ノ独立」＞「国民ノ独立」＞「国民精神ノ独立」＞「学問ノ独立」という同心円的な関係があった。また、「学問ノ独立」→「国民精神ノ独立」→「国民ノ独立」→「一国ノ独立」という規定序列がそこにはあったともいえる。

しかも、その「独立」すべき「学問」として、まず、設定されたのは「速成」を旨とする政治・法律の二学であり、また、英語教育であった。前者については、政治の改良、法律の前進という、当時の日本の現実的な課題が前提とされていた。後者の前提には、「人民自治ノ精神」と「活潑ノ気象」への期待があった。これらは、ともに日本近代国家をいかに建設していくのかという基本構想と密接に関わっていたのである。また、この点で、学問には単なる「学問」にとどまらない実践的な意味・性格が期待されていたともいえる。小野の言葉を借りれば、「真正ノ学問」を教えて、これを「実際ニ応用」させることが、「本校ノ大目的」だったのである。

そして、小野演説の最後に登場するのが、「本校」の「政党」からの「独立」である。これは、敷衍すれば、「学校」と政治との関係ということになるが、それは「学校」の独立であって、「学問」の独立そのものではない。しかも、ここでの趣旨は学校の「公明正大」を宣言することであって、「学問ノ独立」論が主眼ではない。

こうして、自由民権運動のただ中で、東京専門学校は立憲改進党との明確な区別を宣言して開校した。ただし、学校運営の人的な側面でも、めざすべき近代国家の建設路線でも、立憲改進党と東京専門学校とが重なっているのはいうまでもない。イギリスをモデルとした政治の改良・前進は、立憲改進党の基本理念にほかならなかった。

Ⅱ　建学理念の転回—日清・日露戦争と「帝国日本」への道

一、創立一五周年・二〇周年—早稲田大学へ

一八九七（明治三〇）年、東京専門学校は創立一五周年を迎えた。七月、その記念式を兼ねて第一四回得業証書授与式が挙行され、大隈もこれに臨席した。日清戦争が終って二年目、この時、大隈重信は第二次松方内閣の外務大臣をつとめていた。

大隈が公式に同校の儀式に参加するのは、開校以来、これがはじめてであった。校長鳩山和夫の訓辞（病気のため市島幹事が代読）、総代の答辞、市島謙吉幹事による学事報告、校友会総代の祝辞、来賓の貴族院議長近衛篤麿公爵の訓辞に続いて、式典の最後に大隈が登壇した。

大隈は、まず、学校の創立についての自らの「理想」を、つぎのように語った。[3] 維新後、あらゆる学問が西洋の学問になってしまった。これでは、「日本の学問の根底がない、此日本といふ大国に少しも学問の根底がない」。「外国の法」によって日本人が教育されるのでは、「国の独立」が危ない。「どうしても学問は独立させなければいけない」。「日本語を以て十分高尚の学科を教へる所の学校を拵へることが必要である」。「学問の独立」に関する大隈の認識は、小野と基本的に一致している。

こうした理念面の回顧に続いて、大隈は「種々の敵」「種々の誤解」「離間中傷」など、これまでに蒙ってきた「非常なる困難」に触れて、学校と自らの関係を、二つの点から位置づけた。第一に、学校は決して一人のものではないとして、「国のもの」「社会のもの」であることを強調した。東京専門学校に関する国家的・社会的な側面の強調である。では、なぜ文部省の管轄下、すなわち国立としないのか。それは、文部省が何から何まで出来るものではないという限界性の指摘とかかわっている。「私立で権力のもとに支配されずして、さうして独立して意の向ふ所に赴くが必要」だというのである。その意味で、大隈は一方で、「学校」（学問ではない）の「独立」を政治権力からの独立という面で強調した。しかし、他方で「私立は矢張り必要」と述べて、国立の補完という面から私立の国家的な性格を説明した。

第二に、大隈は学校と自己とのつながりを、学校を寺にたとえ、自らを檀家になぞらえて説明した。「学校のやうな貧乏な御寺」にとっては、たくさん檀家をこしらえることが必要であって、そこから「賽銭をドンドン寄進しなければならぬ」というのである。学校経営の観点からの説明である。

その五年後、一九〇二年に東京専門学校は組織・機構を改めて、「早稲田大学」となった。創立二〇周年の年である。一〇月、記念式と早稲田大学開校式が挙行された。[4] 校長鳩山和夫の開会の辞に続いて、学監高田早苗が創立以来の歴史と大学とする理由について報告し、大隈が演説した。

高田は報告の中で、大学組織に改めることとなった「外部の事情」にふれ、「国家教育の御手伝ひをしたい」ということにあるとこれを説明した。[5] 国家の高等教育に対する設備が不完全なため、高等教育を希望する中学卒業生が年々増加しているにもかかわらず、高等学校に入学することができないでいる。そこで、私立学校ではあるが、「御手伝ひ」をしたいと考えたというのである。「私立学校」の役割を「国家教育」との関係で説明したという点では、一五周年記念の際の大隈演説と共通している。「国家教育」に対する補完的機能をもって、その「国家」的・公的性格を強調しようというのである。

高田報告が重要なのは、これに続いて、後に教旨に結実することになる基本理念を語っている点にある。「実用的の方針」と「模範的国民を造る」ことの強調である。大学であるならば、いわゆる「受験的教育」はなるべく避けて、「模範的国民を造る」こと、「人物を養成する」ということが目的であると思うと述べる。以後、高田は、この「模範的国民」理念を一貫して強調しつづけることとなる。

これに対して、大隈演説のポイントは「学問の独立」にあった。大隈は「学問の独立」について、これは二〇年前に突然考えたというわけではないとして、つぎのようにその趣旨を説明した。[6] 国民の意志が常に政府と同一になるということはない。ある場合には、政府の意見と国民の意志が背馳することもある。教育が一つの勢力のもとに支配されていると、あるいは国家の目的を誤ることがありはしないか。あらゆる勢力から離れて学問が独立するということは、あるいは国家に貢献するうえで大いなる利益ではないか。

ここでの大隈は、もっぱら「学問の独立」を「国家の目的」との関係で説明している。すなわち、「国民の意志」と「政府の意見」を区別したうえで、政治勢力からの「学問の独立」が守られてこそ、教育は「国家に貢献」できるというのである。換言すれば、教育・学問は政府などの政治勢力から「独立」し、「国民の意志」に依拠することこそ、長期的には「国家に貢献」する道だということになる。

こうして、小野がその将来を展望した「十数年ノ後」、東京専門学校は早稲田大学となった。しかし、大隈が演説のなかで「小野君をして席に列せしめたならば」と語ったように、当の小野は死去して（一八八六年）、すでにいない。そして、「独立」への関心よりも、国家への貢献に対する関心の方が強くなってきていたともいえる。[7]

二、創立二五周年──大隈総長の誕生

早稲田大学の創立者は、いうまでもなく大隈重信である。[8] しかし、〝不思議〟なことに、創立以来、「大隈」と「早稲田」とは、制度上、まったく無関係であった。大隈はいかなる「早稲田」の役職にもついたことはなかった。しかし、一九〇七（明治四〇）年四月、創立以来二五年目にして、大隈は早稲田大学のトップの位置につくこととなった。この年一月、大隈は憲政本党の総理（党首）を辞していた。

創立二五周年祝典の一環として、早稲田大学は大隈の銅像を建設した。銅像そのものの製作は、すでに東京専門学校時代の末期から準備が開始されていたというが、[9] 一月末の校友会大会で銅像建設を正式に提案したのは高田であった。「大隈」その人を「銅像」化することによって、「早稲田」アイデンティティの核にしようとする〝作戦〟がスタートする。視覚による「早稲田」精神の喚起である。

また、創立二五周年には校歌が誕生した。校歌は最初、学生から募集されたが、その際の広告文の中では、「本大学の生命又は本大学に関する愛慕の情又は此等より生ずる本大学の誇り、祝福等、凡て直截の真味に触れ」るように希望されていた。[10] しかし、結局、募集によっては意にかなうものが得られず、委ねられた相馬御風によって作詞されたのが、現在に至る校歌である。常に声をあわせて歌うことによって、いやがうえにも「早稲田」精神は喚起されていく。しかも、その中で高らかに歌い上げられた「進取の精神、学の独立」「現世を忘れぬ久遠の理想」は、「大学の生命」にかかわっていた。

一〇月、創立二五周年祝賀の式典が挙行された[11]。式典では、学長高田早苗が経営の現状と課題について演説し、総長大隈も第二期拡張計画について語って、資金の必要性を訴えた。

二五周年と関わって、『早稲田学報』は〈早稲田紀念号〉を発行したが[12]、大隈重信はこれに「早稲田大学の過去現在将来」と題する文章を寄せて二五年前を回想し、「世間では政治上の目的の為めに学校を設けたと誤解して、為めに最初学校の発達は甚だ緩慢であつた」、「官辺の権力」による妨害といった、「今日では殆ど想像の出来ぬやうな不思議な現象が起つた」と、当時の困難を語っている。経営上の苦難である。

続く学長高田早苗の文章は、「我が学園の教旨」と題されている。五年前、「早稲田大学」にした際に、「理想」「特色」が必要だと考えたとして、高田はこの理想・特色のことを「教旨」と呼んだ。では、早稲田大学の特色は何か。当時、特色にしようと思ったことは、「組織上の新機軸」と、「学理と実際との密接」の二つであったという。前者の主な内容は、大学予科の年限を短縮して一年半とすること、中学卒業後、大学予科に入ろうとする者には、入学試験を施行せず、入学後、教育して学力を平均させること、などであったが、これらはすでに他の私立大学も模倣しているので、「早稲田大学の教旨」とは直接に関係のないことだと高田は述べる。それに対して後者は、「教旨」に直接に関わる。「実用的大学」にしようということの根本はここにあるというのである。

高田は、世界のあらゆる大学を通じ、大学の目的となっているのは、「人物の養成と専門学の研究」だとする。そのうえで、つぎのように述べる。

東洋の英国たる、わが大日本帝国でも、日露戦争以後国運が一層発展したと同時に、俊傑の士をまつて、解決を要する問題が俄に増加したのである。それにも拘らず、人物の供給は依然として往日の通りである、

高田は「わが大日本帝国」を「東洋の英国」と位置づけた。したがって、「大日本帝国」にとって、もはや「一国の独立」が重要な課題でありえようはずがない。「東洋の英国」の課題は何か。高田は、日露戦後の社会的な要

請と関連づけて「実用的人物」を養成することの意義を語った。「実用的人物」に求められるのは何か。

日露戦争以後、日本国民の任務は頗る重くなつた。自分が常に言つてる《（ママ）》通り、世界政策の実行と立憲政体の擁護、此の二つは、日本国民の今後の大任務である。

「日本国民の任務」は、小野の段階、つまり自由民権期の段階とは異なっている。高田にとっての課題は、「一国の独立」ではなく、「世界政策の実行」と「立憲政体の擁護」なのである。そして、このような課題を担うべき「日本国民」＝「平和的一大軍隊」の「大小士官」たるべき「実用的人物」、「国家有用の人材」を養成することこそが早稲田大学の任務だとした。

そのうえで、「実用」は「浅薄」とは違うとして、「学理と実際とを密接」させてその成果を社会に提供するためには、一層の研鑽を要すると注意する。各個人が繁昌すれば国家が富強になる。国家が富強になれば各個人が繁昌する。国家と個人の利害は一致する。高田はこのように主張して、早稲田大学の目的は、「標準的国民」を作ることにある、「実用的人物」がすなわち「標準的国民」にほかならないとした。小野が「国民精神の独立」を「一国の独立」と結びつけたのに対し、高田は「個人の繁昌」を「国家の富強」と結びつけたといえる。精神性よりも実践性、「独立」よりも「富強」に、高田は力点をおいていたといえる。

翌一九〇八年、早稲田大学の国家性を刺激するできごとがあった。五月、学科増設のための資金として、皇室から下賜金が提供されたのである。『早稲田学報』〈感謝号〉（一九〇八年六月）には、学長高田早苗の新入生に対する訓示が掲載されている。

高田は、天皇から恩賜金を受けた栄誉にふれて、早稲田大学の責任が非常に重くなったと強調した。そして、私立であっても、官立の学校に譲らないという抱負を持たなければならない、恩賜金によって、過去の実績が認められ、将来に向けて拡張するための資が提供されたのだから、自信を持て、と訴えた。そのうえで、早稲田大学の目的は、「高等国民を養成する」ことと、「専門家を仕立てる」ことにあるとした。「高等の国民」とは、「普通の国民」を率いて、「国家の一員」としての修養を与えていくべき人材のことである。

Ⅲ　教旨の制定と展開―大正デモクラシーと「立憲帝国」化

一、創立三〇周年―教旨の制定

一九一二（明治四五）年、早稲田大学は創立三〇周年を迎えた。これを記念する一環として定められたのが「教旨」である。発案者は高田早苗という。かねて、大学には「理想」「特色」が必要だとして、これを「教旨」と呼んでいたのは高田であったから、当然といえば当然であろう。

教旨の起草委員は天野為之・坪内雄蔵・浮田和民・松平康国・塩沢昌貞・金子馬治・中島半次郎の七人であった。まず、中島が草案を作成し、これを坪内が改作して、委員会の討議を経て最終草案を作成し、大隈の意見も取り入れて確定されたものだという[13]。重要な文書であるから、全文をそのまま掲げておく。

早稲田大学教旨

早稲田大学は学問の独立を全うし、学問の活用を効し、模範国民を造就するを以て建学の本旨と為す。

早稲田大学は学問の独立を本旨と為すを以て、之が自由討究を主とし、常に独創の研鑽に力め、以て世界の学問に裨補せん事を期す。

早稲田大学は学問の活用を本旨と為すを以て、学理を学理として研究すると共に、之を実際に応用するの道を講じ、以て時世の進運に資せん事を期す。

早稲田大学は模範国民の造就を本旨と為すを以て、立憲帝国の忠良なる臣民として個性を尊重し、身家を発達し、国家社会を利済し、併せて広く世界に活動す可き人格を養成せん事を期す。

ここで見落とすことができないのは、個性尊重の直前に「立憲帝国の忠良なる臣民として」という文言がすえられていることである。

創立三〇年記念祝典は、明治天皇が死去したため、翌一九一三（大正二）年一〇月、六日間にわたって挙行された。[14]なお、式典にあわせて、校旗・式服・式帽が作成された。「早稲田」を外形において象徴するものが定められたのである。

式典では、高田学長の挨拶、渋沢栄一基金管理委員長の報告に続いて、大隈総長が式壇に立ち、早稲田大学の「教育の趣旨」、すなわち「教旨」（前述）を宣言した。「教旨」について、大隈重信は、要旨、つぎのように説明した。[15]

世界の文明は日に進歩している。そうした中で国と社会のために大学教育を行うためには「雄大な理想」がなくてはならない。自分の理想は、「文明の調和者」として、「東洋の文明」と「西洋高度の文明」を調和させることにある。そのためには、「学問の独立、学問の活用を主とし、独創の研鑽に力め、其結果を実際に応用する」ことが必要だ。これに任ずるものは、「個性を尊重」し、「身家を発達」し、「国家社会を利済」し、「広く世界に活動」することをもって自ら任じ、また、その任に堪える人格にある。これが「模範国民」である。

「模範国民」となるためには、知識だけでなく、「道徳的人格」を備えなければならない。「一身一家、一国の為」だけでなく、「世界に貢献する抱負」がなくてはならない。智識を吸収することのみに汲々としていては、人間は利己的となる。進んで国と世界のために尽すという「犠牲的精神」は段々衰えてくる。これは「文明の弊」であり、この弊を避けて利を収めるのが「模範国民」たるものの責任だ。これが、早稲田大学の教旨の「最も根本を為すべき要点」である。

大学のために力を尽せば大学が盛んになり、大学が盛んになると同時に国家もますます盛んになる。「国家の目的とこの早稲田大学の目的は必ず一致する」。

大隈はこのように述べて、「学問の独立」の意味を、年来の主張である東西文明の調和に結びつけて説明し、「模範国民」をその中心的な担い手として想定した。大隈は、「国家の目的」と「大学の目的」は一致するとみた。ただし、大隈の場合、「国家」を超え、「世界」へと視野が開かれていることに、議論の特徴はある。「一身一家」→「一国」→「世界」へと向かう「貢献」の流れの中に「模範国民」を位置づけ、その養成をこそ大学の使命としたのである。この点で、三〇年前の創立当初とは、時代状況も、教育が担うべき課題の位置づけも異なってきている。

二、高田早苗の「模範国民」構想

では、教旨のもともとの発案者、高田早苗は「模範国民」をどのように捉えていたのか。[16] 教旨制定三年後の一九一六（大正五）年四月、高田は京都公会堂で「模範国民の養成」と題して講演している。[17] そこに、高田の「模範国民」像をうかがうことができる。高田はいう。

「国家の存亡興廃」は、「一般国民」を率いてその模範となる「中等社会の人間」がしっかりしているか否かにかかっている。しかし、一概に「模範国民」といっても、その「時代」、その「国情」によって、それぞれその「資格」は異なる。

高田は、「模範国民」を、時・場を超えた普遍的なもの、一般的・抽象的なものではなく、すぐれて時代性を帯びたものとして捉えた。では、今はどのような「時代」であり、どのような「国情」に当面しているのか。高田は続ける。「明治創業時代」にできた「外形」を完成すること、つまり、「戦勝の跡始末を着け其基礎に由つて海外に発展する事」、「憲政有終の美を済すと云ふ事」が、これからの青年がなすべき「仕事」である。その完成の仕事をなしうる人間が、すなわち今後の「模範国民」である。

高田が演説しているまさにその時代は、対外的には第一次世界大戦の戦時であり、国内的にはデモクラシー気運の台頭期にあたっていた。そうした中で高田は、今後の「青年教育の方針」を、①「何処迄も対外観念を発達せしむる」ことと、②「立憲思想を普及せしむる」ことの二つに設定した。この段階における「模範国民」養成の課題は、「対外観念の発達」と「立憲思想の普及」の二点に集約されたといえる。それは、いわゆる大正デモクラシー期に相応しい「立憲帝国」の「模範国民」像だといってもよい。その意味で、教旨のなかの「立憲帝国の忠良なる臣民」の部分との関わりでは、後半にある「忠良なる臣民」としての「模範国民」というよりも、前半の「立憲帝国」の「模範国民」としての資質の養成を求めていたとみることができる。

その後、一九二二年一〇月の創立四〇年式典の際、高田は「将来の施設と模範国民の養成」、および「学問の独立の意義」にも簡単に言及しているが、立ち入った議論ではない[18]。

一九二七年一〇月、創立四五周年の記念式典が大隈記念講堂の竣工祝賀を兼ねて挙行された。国歌斉唱に続いて登壇した高田総長は、「学園の過去及将来」と題して式辞を述べた[19]。高田は、学園の近況や大講堂竣工の意義などを語った後、大学は理想を持たなければならないとして、三〇年式典の際に定めた三つの教旨についてあらためて説明した。

大学はたしかに「大学者」を造らなければならないが、これはそれほど多くは必要ない。修めた学問を実際に活用する人を造らなければならない。ことに多数の「模範国民」を造ることが大学教育の「大任務」だ。「模範国民」とは、一般の国民の上に立って、国民を率いて、「国家を泰山の安きに置く」だけでなく、ますますこの「国家を進歩発達」させるものだ。教旨三点のうち、一貫して高田がもっとも重視し続けたのは、三点目の「模範国民の造就」にほかならなかった。

Ⅳ　教旨の旋回と建学理念――戦争・ファシズムと「戦争国家」化

一、創立五〇周年・小野没後五〇年

一九三二（昭和七）年一〇月、創立五〇周年記念式典が挙行された。満州事変のちょうど翌年のことである。この式典には秩父宮が参席した。(20)「君ケ代奏楽」に続いて「宮殿下臨場」。その後、式は開始され、「天皇皇后両陛下万歳三唱」の後、閉式となった。前年、高田早苗に代って総長となった田中穂積は、式辞の最初に秩父宮差遣の沙汰書を朗読した後、創立五〇周年を記念するのは、将来の一大飛躍を期するためだとその意義を語り、また、私学の意義を強調した。しかし、建学理念や教旨については言及していない。

むしろ、早稲田の建学理念を想起する機会となったのは、一九三五年の小野梓没後五〇年記念の折であった。この時、大学に対して冨山房から寄付金とあわせて胸像の寄贈があった。かつて小野が創業した東洋館書店の事業と志を継承したのが冨山房だったからである。小野梓先生記念講演会では、高田が小野の思い出を語り、常務理事金子馬治が「小野先生学問の独立の意義」と題する講演を行った。(21)金子は、ほぼ半世紀前の時代状況の中にあって、「学問の独立」という理念に小野が込めたものが、一体、何だったのかを、再解釈しようとした。

金子は、「独立といふ言葉は、明治維新当時の時代語、時代精神を代表する合言葉であった」と述べている。当時、東洋はインドをはじめとして、皆、独立を失ってしまっていた。そうした中で、「世界に覇を唱へてゐた英吉利民族の独立の気象、斯ういふ独立の風潮が日本にどんどん這入つて来た」というのである。しかし、インドをはじめとする他民族の独立を侵害しているのは、実は「独立の気象」を象徴する国家イギリスである。そして、小野が学んだのは、そのイギリスにおいてであった。

金子はいう。「小野先生は直接に英吉利民族の独立を学ばれたのであるから、独立といふ言葉は其の当時如何に深い意味を持つて居つたか、而して如何に複雑な意味を持つて居つたか、容易に我々は想像が附くのであります」、と。近代国民国家にとっての「独立」とは、まずは、他国からの独立を意味した。しかし、その国民国家の膨張としての帝国化は、他民族・他国家の独立を否定することになる。その意味で、「独立の気象」に富むが故にこそ、逆に他民族の独立を侵害していくという、一種の転倒現象が起こる。金子がいう「複雑な意味」という表現は、このような事態を想定したものとも考えられる。

金子は、以上をふまえ、小野の開校演説には、「三つの大きな精神」が含まれていたと主張している。すなわち、第一に、学問の究極の目的は「一国の独立」にあるということ、第二に、学問は他の力から独立した「最高の地位」を持つということ、第三に、他に頼らない精神、「独立の気象」こそが重要だということ、の三つである。

金子は、第一の「一国の独立、日本国家の独立といふことが学問の究極目的と考へられてゐた」という点について、この「大きな高遠の理想」の中には、さらに細かい三つの重要な意味が含まれていたと述べている。その一は、当時、学問は外国の学問、外国人の学問であったが、外国の学問では国の独立はできない、「日本人の血液が注がれた学問」こそが大学の学問でなければならないと考えていたということ、その二は、学問と精神とを並べて考えていたこと、学問とはすなわち人物を練磨することだと考えていたこと、その三は、大学教育、学問の独立の究極の目的は国家にあると考えていたこと、の三点である。

第二は「学問の尊厳」に関わるが、これについて金子は、「他の手段方便とされてはならない」、「他の例へば政党とか学問以外の力とかいふやうなもの丶束縛を受けてはならない」、「飽く迄他の力から独立した最高の地位を持つてゐなければならない」と主張している。

第三は、「我々学園に居る者に取つて、最も実際的な、又最も切実な指導方針であると考へられる」点である。

「精神力、努力奮闘」「大勇猛心——他力に頼らない大努力！大根気」、こうした「独立の気象」こそが「本大学指導精神の中心」だというのである。したがって、早稲田大学においては、「英吉利国民の独立の気象」に学んで、「英吉利流の独立自治の国民」を養成しなければならない。「早稲田魂」とは、「目的貫徹のためには精魂を尽して奮闘努力する、根気で進む、意気で行く」ことだ。

金子講演の趣旨は、以上の通りであった。しかし、果たして金子がいうごとく、早稲田大学は「学問の独立」を貫徹しえたのであろうか。また、養成すべき「模範国民」は時代によって相違すると高田は述べていたが、デモクラシーの時代が終止符を打ったとき、いかなる「模範国民」が求められることになるのであろうか。

二、国策と「模範国民」のゆくえ

一九三七（昭和一二）年四月、総長田中穂積は『早稲田学報』に「皇紀二千六百年創立六十周年記念事業に就て」と題する文章を載せて[22]、今年は大隈の生誕百年にあたるので記念式を一〇月に予定していることを明らかにした。

一方、早稲田大学は、一九四〇年を期した「皇紀二千六百年・創立六十周年記念事業」に着手した。隣接地域に敷地を拡張して、「一大飛躍」をはかろうというのである。その際の呼びかけ文は、「大隈老侯」は「模範国民として天壌無窮の皇運扶翼に貢献するを以て学徒の責務なりと訓され」たと述べている。しかし、いつ大隈がこのようなことを語ったというのであろうか。

この年七月、日中両国は全面戦争へと突入していった。このため、「大隈老侯生誕百年記念祭」は一時延期が決定された。しかし、他方、八月、政府が「国民精神総動員実施要綱」を閣議決定し、国旗の適時掲揚を求めたため、大学当局は「大隈老侯生誕百年祭の記念事業」の一環として、国旗掲揚場を新設し、教旨を掲げた「建学之碑」を設置することを決定した。[23]

一〇月二日、大学を代表して総長らは明治神宮に参拝。そして、明治節の一一月三日を選んで国旗掲揚式と建学之碑除幕式を挙行した。[24] 式次第は、宮城並びに明治神宮遥拝、国旗掲揚（国歌吹奏）、建学之碑序幕、総長訓話、聖寿万歳三唱、校歌合唱、であった。田中穂積総長はつぎのように訓話した。

「一死報国の忠魂義胆に至つては世界に其の比を見ざる所であります。」「我が皇軍にありましては捕虜の屈辱を蒙むるよりは寧ろ死を見る帰するが如く笑つて其一命を君国の為めに捧ぐる其壮烈なる態度は恐らく白皙人にあつては想像だも及ばざる所であらうと思ふのであります。」

この「壮烈なる態度」が何によってもたらされたかといえば、それは「建国の昔から万世一系の天皇を戴き皇室を中心とした一大家族国家」、「皇室の恩寵に浴する感激が凝つて此の忠魂義胆となつたもの」だとする。そして、「皇室に対する純真なる感激と、伝統に対する矜持」、「此の感激、此の矜持こそ日本精神の真髄であると私は確信する」、「忠誠、献身の純情程崇高なるものはない」、「大義の為めに自己を滅する」、などと強調した。

田中総長は、天皇制国家の独自性・優越性を強調し、「一死報国」の精神を最大限に美化した。そのうえで教旨に言及した。しかし、田中総長は「学問の独立」にはまったく触れない。注目するのは教旨のなかの「模範国民の造就」だけである。しかも、大隈を引き合いにだして、大隈はこれを早稲田大学の使命だと天下に説明したと強調する。「早稲田学園」に身を置くものは、「模範国民」として「社会の儀表」となるべき義務を担っている。「明治大帝が勅語に仰せられた天壌無窮の皇運扶翼の為めに、我々は国民の先頭に立つて働くべき義務を有する」というのである。

こうして、国旗掲揚式と同時に、教旨建碑の除幕式は挙行された。「未曾有の国難」を強調することによって、「教旨」は「国旗」すなわち国家と一体化された。教旨は、「他の官公私立の大学になくして独り我学園のみが彼の偉大なる創立者に拠って与へられた」ものであると位置づけられた。まさに「模範国民」像は、「忠良なる臣民」像と一体化されたのである。

学生は、教職員に引率されて明治神宮に参拝し、また、大学の創立記念日には招魂祭の例祭が執行された。戦時下の早稲田大学にとって、「学問の独立」とは、一体、何であったのであろうか。こうして、早稲田大学は戦時下の挙国一致体制に組み込まれていった。

大学主催のもとで、南京陥落祝賀式（一九三七年）、漢口陥落祝賀式（一九三八年）などが挙行されていく。逆に思想調査・思想弾圧が「学問の独立」を脅かし、教旨の自己否定へと追い込んでゆく。一九四〇年の津田事件にそれは象徴された。同年、早稲田大学は皇紀二千六百年奉祝創立六十周年記念式典を挙行した。

むすびにかえて

一九四五（昭和二〇）年八月、日本は敗戦し、占領下での戦後の時代を迎えた。一九四六年には新憲法が制定され、四七年には教育基本法と学校教育法が成立した。このような法律との関係や、戦後の新しい思潮との対応において、教旨を改訂すべきだという意見が広がったのは、当然といえば当然のことである。「立憲帝国の忠良なる臣民」を養成するという「模範国民」理念は、果たして国民主権・基本的人権を基本理念とする戦後の新秩序と両立しうるのか。高田流にいえば、戦後の「時代」「国情」にふさわしい「模範国民」に要請される資質はどのようなものであり、また、それを如何に養成していくのか。

一九四七年一〇月、教旨改訂を検討する委員会が設置されることとなった(25)。委員会では、各委員が各自の改訂案を出し、これを検討した結果、最終的に二つの委員会案がまとめられたという。

一つの案は、教旨を全般的に改訂しようとするものであった。これを当初からの教旨と比較してみると、用語表現の問題を別とすれば、つぎのような特徴を認めることができる。

まず、教旨の第一の柱〈学問の独立〉については、「自由討究を主とし」を「自由な研鑽を促進して」に、「独創の研鑽」を「真理の探求」に、「世界の学問に裨補」を「世界の文化の創造と発展に貢献」に変えようとしている。学問研究的な性格から、「真理の探求」と「文化の創造」に重点を移そうとしていることがわかる。

第二の柱〈学問の活用〉は〈学問の綜合的発達〉と〈活用〉となり、目的を「時世の進運」に資することから、「人類の福祉の増進」に奉仕することに変えようとしている。

もっとも変化が大きいのは第三の柱である。〈模範国民の造就〉を否定し、〈人格の完成をめざし〉に変えるという案である。もちろん「立憲帝国の忠良なる臣民として」は削られる。「個性を尊重し」を「個性ゆたかにして」に、「身家を発達し」を「進取の気象に富み」に、「国家社会を利済し、併せて広く世界に活動す可き人格を養成」を「国家社会の形成者として有能達識な人材を育成」に変えようとしている。

「学問の独立」と「学問の活用」については、その新たな発展をはかりつつ、「模範国民の造就」の部分に抜本的な改訂を加えようというのである。

これに対して、もう一つの案は、単にこれまでの教旨から「立憲帝国の忠良なる臣民として」の一四字だけを削除して新しい教旨とするというものであった。

委員会の案をうけて、一九四九年四月、理事会、維持委員会で検討された結果、結局、後者の案が採用されることとなった。こうして、戦後の主権在民の体制と矛盾する点について最低限の手直しはされたものの、教旨全体はそのまま維持されたのである。

ただし、この点で想起されるのは、養成すべき「模範国民」は時代によって相違すると高田が繰りかえし述べていたことである。ある意味で、「模範国民」概念ほど、融通無碍なものはない。いや、「学問の活用」も「時世」、つまり社会のあり方と密接に関わっている。今、早稲田大学は、「模範国民の造就」について、「グローバリゼーションが進展する現代、豊かな人間性を持った『世界市民の育成』といい換えることができる」と説明している。(26)今後の時代の中で、建学の理念と教旨は、いかに生命力を維持・発揮していくことができるであろうか。そのためにも、どのような「学問」が、どのような「国民」がもとめられているのかを見極めていくことが肝要である。もちろん、その大前提は「学問の独立」である。

（大日方 純夫）

注

（1）早稲田大学大学史編集所編『早稲田大学百年史』（以下、『百年史』）第一巻（早稲田大学、一九七八年）四五八頁。

（2）同前、四六一～四六六頁に全文が掲載されている。なお、小野のこの演説については、中村尚美『学問の独立』（北樹出版、一九八八年）三七～四六頁を参照。また、小野と草創期の東京専門学校との関わりについては、佐藤能丸『近代日本と早稲田大学』（早稲田大学出版部、一九九一年）二四～七二頁に詳しい。

（3）『早稲田学報』五号、一八九七年七月。

（4）『百年史』第二巻（一九八一年）二八～三五頁。

（5）『早稲田大学開校・東京専門学校創立廿年　紀念録』（早稲田学会、一九〇三年）一七頁。

（6）同前、二五～二六頁。

（7）この点については、前掲中村書、一〇二頁を参照。

（8）大隈と早稲田大学との関係については、前掲佐藤書、五～二三頁を参照。

（9）『百年史』第二巻、二二六頁。

（10）同前、二四〇頁。

（11）同前、二五二～二六一頁。

(12)『早稲田学報』一五三号、一九〇七年一一月。
(13)『百年史』第二巻、六八二〜六八三頁。
(14)同前、六七九〜六八一頁。
(15)『早稲田学報』〈祝典紀念号〉二二五号、一九一三年一一月。
(16)この点については、真辺将之「高田早苗における『模範国民』」(早稲田大学大学史資料センター編刊『高田早苗の総合的研究』二〇〇二年、一二一〜一五七頁)参照。
(17)大日本雄弁会編『高田早苗博士大講演集』(大日本雄弁会講談社、一九二七年)二八九〜三二四頁。
(18)同前、一六七〜一七二頁。
(19)『早稲田学報』三九三号、一九二七年一一月。
(20)『百年史』第三巻(一九八七年)六〇六〜六一〇頁。
(21)『早稲田学報』四九〇号〈小野梓先生記念号〉、一九三五年一二月。
(22)『早稲田学報』五〇六号、一九三七年四月。
(23)『百年史』第三巻、六二九〜六三〇頁。
(24)『早稲田学報』五一三号、一九三七年一一月。
(25)『百年史』第四巻(一九九二年)、一、〇六八〜一、〇七〇頁。
(26)早稲田大学のホームページによる。

第五章　慶應義塾の建学理念と組織

はじめに

徳川幕府の本質を攘夷主義と見限り、それを倒して登場した新政府に対しても警戒を怠らなかった福澤諭吉が、明治政府の開明性に対して一定度の理解と評価を示すようになる契機となったのは、明治四年七月、政府が断行した廃藩置県であった[1]。それと相前後して遂行された政府の一連の文明開化政策が、それまでの福澤の態度にある種の変化を起こさせたことは、晩年の回想に明確に示されており、これによって福澤の後半生の活動が方向づけられることになった。

福澤の後半生を一貫するテーマが、西洋の文明を学んでわが国の近代化を進め、その独立を維持することにあったことは、この時期を代表する著作『学問のすゝめ』第四編[2]に明らかである。文明とは一国全体の国民の智徳に外ならない。文明には、外からみて形のわかるもの、すなわち「外形の事物」もあるが、より大切なものは、目ではその形をみることができないもの、すなわち「文明の精神」である。それは突き詰めていえば「人民の気風」である。西洋の文明が決して完全無欠のものである訳ではないが、それが現在の人智の達しえた頂点と理解されるから、それを学ぼうとするのである。

はたして日本は今後自国の独立を維持して行くことができるかという問題に対して、当時の福澤はきわめて懐疑的であった。それはなぜか。日本の人民に独立の気風が欠如しているからである。そこでわが国の文明を進めるには「先ずかの人心に浸潤したる気風を一掃せざるべからず」ということになる。維新以来、政府もそのために大いに努力してきたことは確かであるが、それが奏功しないのは「一国の文明は独り政府の力を以て進むべきのもの」ではないからである。「一国の全体を整理するには、人民と政府と両立して始めてその成功」がえられる。「国民の力と政府の力と互いに相平均して、もって全国の独立を維持すべき」というのが福澤の主張である。問題は、この「人民」なり「国民」に、頼りになるものがあるか否かという点に関わる。当時の「学者士君子」は、「漢学者流の悪習を免れ」ず、「皆官あるを知って私あるを知らず、政府の上に立つの術を知って、政府の下に居るの道を知ら」なかったのである。

そこで福澤は、「天下の人に私立の方向を知らしめ」るために、「人に先つて事をなすは我輩の任というべき」なりと自覚する。「我輩まず私立の地位を占め、或いは学術を講じ、或いは商売に従事し、或いは法律を議し、或いは書を著し、或いは新聞紙を出版する等、凡そ国民たるの分限に越えざることは忌諱を憚らずしてこれを行い、固く法を守って正しく事を処し、或いは政令信ならずして曲を被ることあらば、我地位を屈せずしてこれを論じ、あたかも政府の頂門に一針を加え、旧弊を除きて民権を恢復せんこと、方今至急の要務なるべし」と考える。

I　慶應義塾の創設

明治三年三月に発表された『慶應義塾学校之説』[3]で、福澤は官私の学校の比較を行っている。その中で両者の得失を、官の学校について、得を三カ条、失を五カ条あげる。一方私の学校については、失を三カ条、得を五カ条あげている。結論として、「官学校は教育の入用の財あれども、此財を用ひて人を教るの術に乏し。私学校は人を教て世の裨益を成すべき術に富めると雖も、此術を実地に施すべき財に貧なり。故に学校を建るの要訣は、この得失を折衷して、財を有するものは財を費し、学識を有するものは才力を尽し、以て世の便利を達するにあり。（中略）故に世の富豪貴族若しくは政を執るの人、天理人道の責を重んじ、心を虚にして気を平にし、内に自ら顧て果して心に得るものあらば、読書の士君子を助けて其術を施さしめ、読書家も亦己れを忘れて力を尽し、共に天下の裨益を謀り、一国独立の大義を奉ずる事あらば、また善からずや」と述べている。福澤が教育は官私いずれに在るべきと考えていたかは、『学問のすゝめ』第四編の結論部分、「以上論ずるところを概すれば、今の世の学者、此国の独立を助け成さんとするに当て、政府の範囲に入り官に在って事をなすと、その範囲を脱して私立するとの利害得失を述べ、本論は私立に左袒したるものなり」の一句に明らかであろう。

組織としての慶應義塾の濫觴は、いまだその一定した名称もなく、また性格もその後のものとは異なった、一小家塾であった。安政五年、大阪の適塾で「砲術修行」の名目で、オランダ語を学んでいた福澤は、藩から出府を命じられた。後に陸軍軍医総監になった足立寛の回想によれば、江戸の鉄砲洲（現中央区明石町）にあった中津藩の中屋敷で福澤が借りた長屋は、階下が六畳間一つ、二階が一五畳ほどあり、階下に畳を三枚敷いて、二畳に福澤が起居し、一畳に書生である足立が生活して食事の世話をし、二階には福澤について出府した適塾の友人など十数人が出入りしていたという。当時この塾がどのような設備を備えていたかといえば、主催者の福澤自身が着の身着のままであったというから、設備らしいものは何も無かったであろう。書物さえも所有せず、同藩の岡見彦曹が持っていた蘭書を借りて読んでいたというから他は推して知るべきであろう。その実情は、藩の長屋に、藩のイニシアチヴで開設された貧弱な家塾で、師弟が寝食をともにしつつ、偶々入手した蘭書を読んでいた、一種の合宿所のような有様であったと想像される。

その後、文久元年に福澤はこの塾を一時藩邸外の新銭座にあった、上下合わせて二〇畳ほどの二階建ての小家屋に移した。場所は変化し、塾生数も増大していくが、藩の発意によりはじめられ、藩から禄をもらって生活する藩士が、身につけた術を藩士の子弟を中心にした門人に、藩士の義務として伝授するという、家塾として性格に変化はなかった。しかしこの時期に福澤自身の身の上と、その学問の内容は、大きく変化し、それがこの塾のその後の発展を規定することになる。

その第一は、出府した翌年、横浜の開港地を訪れた福澤が、国際公用語としてのオランダ語の地位を覚り、塾では相変わらずオランダ語を教授しながら、自分は独学で英語の修得に勉めるようになったことである。その第二は、さらにその翌年、万延元年、幕府の軍艦奉行木村摂津守の個人的な従者として随行し、幕府が派遣した軍艦咸臨丸に同乗して、アメリカ西海岸およびハワイを実地に見聞する機会を得たことであった。さらにおそらくはその経験が基礎となって、帰国後は中津藩士の身分のまま、幕府の外国方の「雇」として、後に元治元年からは幕府に召し抱えられて、外交文書の翻訳に従事するようになったことである。文久二年には、約一カ年間をかけてヨーロッパの条約締結諸国を歴訪し、さらに慶応二年には、軍艦受取のために派遣された幕府の使節団に加わり、アメリカ東海岸を見聞する機会を得たのであった。

幕末の数年間に、三度海外に渡航し、西洋文明を実地に体験し、また幕府が諸外国と取り交わす外交文書に直接触れる立場に置かれたことは、福澤を当時の日本人としてはもっとも西洋文明及び国際情勢に通じた人物の一人に仕立て、外国の事情を日本へ紹介する啓蒙家としての彼の地位を不動のものにした。「明治の三書」の一つに数えられる『西洋事情』をはじめとするこの時期の福澤の著作が、彼の文名を一時に高め、その結果、動揺する政治情勢の中で、自藩の進むべき途の選択に悩み、外国事情に飢えていた諸藩は、多くの若侍を福澤の塾に送り込むことになった。幕末の不安定な社会の中で、福澤の塾はしだいに塾生数を増していった。増加してくる塾生を収容するために、福澤は文久三年の秋頃、再び鉄砲洲の中屋敷にもどることになる。今度は五軒続きの長屋一棟を借りて、一軒を福澤の居宅に、一軒を塾頭の部屋にし、残りの三軒を塾舎にした。そこには一〇〜一二畳敷の部屋が二つあり、その他に小部屋が五、六室あり、板敷きの食堂も造られた。

福澤は中津藩に対してはもちろん、偶々直参になった幕府に対しても、期待するところははなはだ薄く、家来としての忠義を尽くす気にはなれなかった。一方尊王を大義名分とし、倒幕を主張する勢力に対しても、彼等が攘夷を旗印にしている限り、洋学者としてこれに賛同できるはずはなかった。結局福澤の立場は三者いずれの政治勢力にも積極的に加担せず、中立を守って、自分は「洋学を修めて、其後ドウヤラ斯うやら人に不義理をせず頭を下げぬやうにして、衣食さえ出来れば大願成就と思て[4]」いた。

維新後の生き方について、福澤がどの時点から具体的見通しを持つようになったかは、必ずしも明らかではないが、今日残っている福澤塾の入門帳（もっとも古いものは「姓名録」と表題がつけられいる。それを含めて慶應義塾では「入社帳」と呼んでいる）の初筆は、文久三年春に入塾した小林小太郎である。このことは福澤が、少なくともこの時点までに、塾の永続を考えるようになったことをしめしすものであるといえよう[5]。

その後慶応三年、二度目の渡米をした際、非常に多くの洋書を買い入れて帰ったのは、単なる参考書としての使用を目的としたものではなく、塾生の教科書として用いるために同一の書籍を複数冊購入したのであり、明らかに塾の教育の永続を念頭においた措置であった。また同年末に、鉄砲洲が外国人居留地に指定され、中津藩の中屋敷も取りこわさなければならなくなった時、三五五両の大金を自弁して芝新銭座に有馬藩の屋敷四〇〇坪を入手したことは、その規模から考えて個人の居宅としての使用のみを念頭に置いたものではなく、塾を藩から独立させることを明確に意識してのことであったと理解できる。

福澤は慶応四年春、江戸は戦場になると心配する者が多かった中で、その敷地に居宅と塾舎とを新築して、引き移った。幕府からの呼出には病気を理由に断って応ぜず、その後六月には退身願を提出し、八月に許可されたので、徳川家との縁は切れた。丁度この時期に適塾時代の友人に宛てた手紙に、その時の心境を次のように述べている。

「……徳川様御名跡も駿府ニ定り候よし。小生ハ三月来大病ニ而引籠、何事も存し不申。徳川家江御奉公いたし、不計も今日之形勢ニ相成、最早武家奉公も沢山ニ御座候。此後ハ双刀を投棄し読書渡世の一小民と相成候積、左様御承知可被下候[6]。」

慶応四年六月七日付　山口良蔵宛

この「読書渡世の一小民」という一句に、当時の福澤が懐いていた、新しい人生への熱い思いと、過去の封建社会のしがらみからの開放感が込められていると考えられる。

幕末の危機が最高潮に達した慶応三年から四年にかけての時期に、世人が荷物を纏めて江戸から逃げ出すという騒ぎの中で、進められた芝新銭座の普請は、四〇〇坪敷地に奥平家の長屋の古材木を貰ってきて校舎と福澤の居宅、あわせて一五〇坪を建てたものであった。時期が時期であったから、大工の手間賃は非常に安かったが、土地の購入費を合わせて、福澤の許にはその時点で「千両余」の借金が残り、これを『西洋事情』の版木を売って支弁したい旨を、前掲書簡の名宛人である山口に伝えている。この金策は成功しなかったようであるが、翌明治二年春には、『洋兵明鑑』の翻訳料六〇〇両をえて塾舎の増築を行っているから、この借金は前年中に解決したものと考えられるが、いずれにしても新銭座への独立のための財源は、すべて福澤が自分の著作物からえた収入によったと考えられる。

自力で藩からの独立を果たし、校舎を建設してここにはじまろうとしている学塾の組織と内容を、福澤は従来の家塾とはまったく異なったものにしたいと考えていた。それは公共の目的のために組織された、近代的な意味での結社が運営する学校であり、その模範となっているのは、イギリスのパブリック・スクールである。慶応四年四月に発表された「慶應義塾之記」で、その主義精神をつぎのように述べている。

「今爰に会社を立て義塾を創め、同志諸子相共に講究切磋し、以て洋学に従事するや、事本と私にあらず、広く之を世に公にし、士民を問はず、苟も志あるものをして来学せしめんと欲するなり。……蓋し此学を世に擴めんには学校の規律を彼に取り生徒を教導するを先務とす。仍て吾党の士相與に謀て、私に彼の共立学校の制に倣ひ、一小区の学舎を設け、これを創立の年号に取て仮に慶應義塾と名く。今茲四月某日土木功を竣め新に舎の規律勧戒を立てり。[7]」

ここに従来の家塾とは異なり、社中の共同によって維持運営される、近代的な私立学校としての基本方向が示されているということができよう。また仮のものとはしながらも、学校に名称がつけられたことも注目される。出発時点における結社としての義塾の様子と、そこにおける福澤の立場について、前述の山口良蔵に宛てた書簡では、自身が次のように説明している。

「……天下ハ太平ならざるも、生之一身ハ太平無事なり。兼而愚論申上候通り、人ニ知識なければ固ゟ国を治ること能はす。甚ニ至てハ国を乱タルニも規則なし。皆無知文盲之致す所なり。今人之知識を育せんとするには、学校を設けて人を教るニ若くものなし。依而小生義ハ当春より新銭坐ニ屋敷を調、小学校を開き、日夜生徒と共ニ勉強致居候。此塾小なりと雖トモ開成所を除クトキハ江戸第一等なり。然ハ則日本一等乎。校の大小美悪を以て論すれは、敢て人ニ誇るべきニあらざれとも、小ハ則小ニして規則正しく、普請之粗末なるハ則粗末ニして掃除行届けり。僕も学校之先生ニあらず、生徒ハ僕之門人ニあらず。之を総称して一社中と名け、僕ハ社頭之職掌相勤、読書ハ勿論眠食之世話、塵芥之始末まて周旋、其余之社中ニも各〻職分あり。……(8)」

今日残っている芝新銭座時代の塾舎の平面図は明治元年のものと翌二年のものと二種類あるが、それらによれば、「塾」と書かれた居住空間と「講堂」とされた講義のための空間が明確に区分され、その外に、「炊所」、「応接ノ間」、「養生所」、「髪結床」などもあり、また「運動場」なども備わっている。原初的ではあるが今日の学校と同様の体裁を備えていたといえよう。また同じ敷地内であるとはいえ、福澤の居宅と学校とは空間的に区分されており、不十分とはいえ家塾からの脱皮は物理的にも進んでいる様子がみて取れる。

学校の組織もしだいに整備され、明治三年から社中の運営を担当する数名の執事を選び、重要な事項は「執事集会」で協議して決定することがはじまり、塾の運営事務を担当する部局を「塾監局」と呼ぶようになり、その名称は今日に至るまで引き継がれている。また一二歳から一六歳までの生徒のために、「本塾」とは別に「童子局」がおかれ、そこでは別の授業がなされるようになる。

戦火が収まり秩序が回復するに従って、学生数は急速に増大していく。明治二年三月頃には早くも塾舎は満員となり、入塾を断らざるをえなくなる。それ以後の学生数の増加に対しては新銭座の敷地以外に分塾、すなわち「外校」を設けて、これに対応する以外に手だてがなくなる。例えばその年八月、汐留にあった中津藩の上屋敷の長屋一棟を借りて「慶應義塾汐留出張所」としている。

慶應義塾は明治四年まで芝新銭座に本拠を置くが、この時代の教育内容、授業内容は、明治二年八月に刊行された一種の学校案内である「慶應義塾之記」に掲載された「日課」(9)によってその大体を知ることができる。特徴的なことは、授業は素読、会読、講義の三つに大別され、主体は素読と会読に置かれていたこと、午前中は大体「素読」に、午后は「会読」に宛てられ、「講義」はその間に散りばめられていること、同一時間帯に複数の講義が、多いときには五科目も開講されていたことなどである。「講義」は福澤と小幡篤次郎によって二種類が週に八コマ開講されており、「会読」では歴史・地理・経済論・窮理学などの英文テキストが使用されるものが二三コマ開かれ、「素読」は新入生を対象にしたと思われる「文典并雑書」を内容としたものが毎日八人の教員によって、おそらくは一コマづつ開かれ、外に「会読」と同様の内容の英文の書物によるものが、一八コマ開かれている。また「算術稽古」が重視され、水曜と土曜を除く毎日、二時間づつ、週四回開かれているのは、「東洋になきものは、有形においては数理学と、無形においては独立心と、この二点である」と考えて、「出来る限りは数理を本にして教育の方針を定め」たという福澤の意図の反映であろう。教員は二一名、開講数は五九コマであり、いまだ卒業の制度はもちろんのこと、学年の区別も決められていないが、平行して開講されている複数の「素読」や「会読」の中から受講科目を選択するのは、受講者の関心と学力の程度によったのであろうから、能力による区分は一応できていたと考えることができる。英語を中心にした高度の普通教育としてはかなりの水準に達していると評価できよう。

Ⅱ　文部卿は三田にあり

福澤は明治三年五月、発疹チフスに罹り、回復した後も鼻の過敏症が残ったために、「新銭座の地所が何か臭い」ように感じられて、何処か高燥の土地に移りたいと考えた。その時飯倉に相当の売り家がみつかり、ほぼ相談が決まろうとしていた矢先、塾の人から福澤が「塾を捨てて他に移るなら塾も一緒に移ろうという説が起こ」[10]り、三田にある島原藩の中屋敷が候補にあがり、政府に働きかけて福澤が借りることになり、明治四年四月に引っ越しが行われた。これが今日に伝わる三田の校地で、当初は「拝借地」であったが、その後払い下げられた。

新しい三田の校地は、広さがそれまでの三〇倍もあり、建物も六〇〇坪以上付属していたから、新銭座では断っていた入塾希望者を断る必要はなくなった。すでに述べたように、慶應義塾では文久三年以来入門者の姓名は記録されているが、退塾する人についての記録はなく、各時点における正確な在籍者の数は不明であるが、三田に移った頃からは年三回の学期末に行われる試験の結果が、個人別に「学業勤惰（怠）表」として発表されるようになり、在籍者数が確認できる。それによると明治四年から七年までは三〇〇名を中心にしてプラス・マイナス二〇～三〇人の幅で変動を繰り返すが、八年から九年にかけて急上昇して三七〇人を越える勢いを示す。これは世間一般の洋学熱が急激に上昇したこと、また明治四年七月に行われた廃藩置県の結果、明治五年三月には各藩から留学生として送られてきていた学生の内、私学に学ぶ学生に対しては公費支給の制度が廃止されたこと、この二つの要因が重なり合った結果であり、結局前者が後者を凌駕したものであろう。

三田へ移転した直後は、学校運営の方針や制度は新銭座時代と変わらなかったが、明治五、六年の段階で、制度的変革が行われる。これはおそらくは五年八月に公布された「学制」と、明治三年閏一〇月の「大学南校規則」の影響によるものであろう。五年八月に改正された学則（明治三年以来「慶應義塾社中之約束」と呼んでいた）は、学業の習熟の度合いに応じて「等外」の段階から五段階の等級別の「科業表」を掲げ、それぞれに使用する英文のテキスト名をあげている。さらに六年三月には再度変更を行って学年制を導入する。すなわち「正則科」を「予備等」と「本等」に分け、前者は三年、後者を四年とした。外に年限の指定がなく、入学者の年齢を一七歳以上とした「変則科」を設けた。同時に卒業の制度を作り証書を発行することになる。

慶應義塾は文部省が発足する以前に、安政五年以来すでに十数年の実績を積んでおり、その間に家塾の段階を抜け出し、有志者の協力による自立した結社によって学校を運営するという体制を独自に創り上げてきていたのであったが、中央政府に文部行政の専門機関が創設され、その方針が法令として示されると、それに対しては真剣に対応して行かなければならなくなる。その後永く続き、しだいに深刻な様相を呈してくる、慶應義塾の独自の方針と文部省が進める国策として方針との、一種のせめぎ合いがはじまる。しかし明治の最初の十年間の段階では、創立後間もない文部省は、その独自性を明確にするだけの条件を欠いていたことは、『学制につき被仰出書』が福澤の『学問のすゝめ』初編の主旨と同一であり、地方によってはその偽版を作成し、若干のコメントを付して配布して、『学制』の主旨を徹底しようとしていた県もあったことからも明らかである。[11]

明治最初の一〇年間の後半からはじまる約一〇年間は、慶應義塾の歴史における繁栄と苦悩の時期であり、また福澤諭吉の生涯にとっても一つの転換期であった。戊辰戦争の社会的動揺が収まり、世の文運が復活するにともない、洋学熱はますます盛んになる。しかしその求めに応ずるべき学校は、いまだ十分には整備されていない。慶應義塾は新銭座時代に一応の組織的整備をとげた上に、狭隘な敷地からも開放され、入学を希望する学生の求めに応ずることができるようになる。福澤個人も、西洋文明の紹介・導入者として、空前のベストセラー『学問のすゝめ』全一七編をはじめ、主著である『文明論之概略』を刊行して、思想家としての地位を不動のものにした。明治七年からは福澤による通常の講義は行わなくなるが、特別の連続講義を行い、福澤の社会的影響は狭い義塾の枠を越えて広く世間に及ぶようになる。関西地方には分塾も開かれ、「文部省は竹橋にあり、文部卿は三田にあり」といわれた社会的活動が行われた。明治五年にはじまる慶應義塾出版局は、元来は福澤の著作を中心にして義塾関係者の著作を印刷刊行していたが、その成績が上がり、資金が潤沢になると、義塾で学んだ者がここで商売の稽古をし、資金を借りて、さまざまな事業をはじめる、いわば新商業を学ぶ稽古場になる。また明治七年には三田演説会が組織され、演説という従来にはなかった新しい知識の公開・交換の方法が提唱され、国会の開設が約束される政治情勢の中で、全国に演説会が開かれるきっかけを作る。この時点になると、安政五年以来の学生達が社会的成長を遂げていたことの意義も大きかった。知識交換の場としてのクラブ交詢社の設立は、はじめは慶應義塾卒業生の同窓会を意図していたものが、その枠を越えて福澤に縁のある人物全体に広げられて、明治一三年に結成された。

また「民間雑誌」、「家庭叢談」などの雑誌の刊行がはじまり、明治一五年の「時事新報」の創刊に結実する。ジャーナリスト福澤諭吉のその後の活動の出発点である。

しかし近代国家としての機構が整備されていく過程、それとともに進行する官尊民卑の風潮の影響は、慶應義塾のうえに確実に影響を及ぼしはじめる。明治一〇年以降、学生数の大幅な減少がはじまる。秩禄処分の進行および西南戦争とそれに続くインフレの結果、士族階級が経済的に窮乏化したため、修学の機会を失う者が続出したことと、明治一二年に行われた徴兵令の改正により、慶應義塾が制度上の優遇措置を失ったこととの相乗効果であろう。もっとも在校生が少なかったのは一一年の一二月で二〇八名、八年一二月からの三年間に一五〇名以上の減少をみたのであった。入学者数も非常に減少し、明治四年には三七七名あったものが、一〇年には一〇五名と、三分の一に激減している。在校生数が明治八年のレベルに回復するのは、漸く明治一四年である。

福澤はこの危機を乗り切るために、一一年の末、東京府を通じて、文部卿西郷従道に働きかけて、福澤所持の同額の公債証書を担保にして、二五万円の無利子、一〇年間の「拝借金」を申し込む。しかし政府はこれに応じない。そこで条件をかえて、伊藤博文、井上馨、大隈重信などの要人に働きかけるが、これも成功せず、約半年の交渉の末に、ついに断念する。そのほかに、島津家や徳川家など有力な貴族へも資金の援助を働きかけているが、いずれも失敗に終わった。

万策尽きた福澤は、一三年秋には廃校を決意して、その旨を義塾の重立った者に諮るが、小幡篤次郎以下は廃校に反対で、協議の結果、同社中から維持資金を募集する一方、経費を削減し、とくに教員の給与を大幅に削減してこれに対応しようとする。「慶應義塾維持法案」が、明治一三年一一月発表された。教員の給与を三分の二、または四分の三に減額し、月謝収入の不足分と年間の営繕費用との合計額五、八〇〇円を利子収入で埋めるために、五八、〇〇〇円の拠金を求め、社中の協力を求めようとするものであった。募集の結果、申し込み金額は四八、二〇五円で、目標額には達しなかったが、これによって廃校の危機は一応回避することができた。また従来学校運営の経済的側面にはまったくタッチしていなかった社中の人々が、真の意味で学校の運営に参画する最初の機会となったことは、社中という結社のその後の発展のためには大きな意味を持った。

「慶應義塾維持法案」は、慶應義塾が最初に行った資金募集であったが、資金を募集して義塾を維持するのであれば、資金の管理、義塾の運営に責任を持つ主体を明確にした組織が必要である。それを定めたのが明治一四年一月に制定された「慶應義塾仮憲法」である。

Ⅲ　大学部の創立

明治一〇年代、とくにその後半は、日本全体の私立学校にとって転換の時代であった。一方では政府の教育政策の基本方針が、何回かの方向転換を経ながらもしだいに確立していく。とくに官立の高等教育機関が整備されて行くに従って、教育内容の専門性が重視されるようになる。こうした全般的風潮の中で、明治初年以来、創立者の人格的魅力を中心にして組織され、高度のリベラルアーツをめざしていた私学、とくに洋学私学が、この時期に廃校に追い込まれる。[12]それに代わって専門教育を目的にした新しい私立学校が、法律学校を中心として簇生する。

またこの時期は、維新以来の文明開化の風潮に対する反動として、宮中を中心に保守主義が台頭してくる時期でもある。その象徴的な出来事が、明治一一年の地方巡幸の際の天皇の感想を、侍講の元田永孚が奉戴して作成した「教学大旨」（明治一二年）の儒教主義の強調であろう。この方向は、その後明治二三年の「教育勅語」の発布に発展する。またとくに福澤に関連していえば、一三年八・九月頃、従来小学校で用いられた教科書の中の不適格なもののリストが発表され、その中に福澤をはじめ慶應義塾関係者の書物数種類が含まれていた。

この問題は同時に進行した官尊民卑政策の強化とも関連する。これがもっとも露骨に表面化したのは、先にみた明治一二年一〇月の徴兵令改正であった。この改正により兵役免除または猶予に関する特典は、官立府県立の学校の生徒に限られることになったため、義塾は明治一〇年以来持っていた特典を失うことになった。明治一六年一二月の改正でも、その差別待遇が存続し、慶應義塾の在校生も大幅に減少したため、福澤は猛烈な特典回復運動を展開するが容易に効を現さず、慶應義塾が実際にその特典を回復できたのは、明治二九年になってからであった。またこの時期には義塾の卒業生で全国の中学校や師範学校に奉職する者が多数あったが、明治一七年一月二六日の文部省通達第二号「中学校通則」が、中学校長や教員の資格について、私立学校の卒業生には不利な条件をつけたため、辞職する者が続き、この時期以後、義塾出身の教職関係者は激減する。(13)

慶應義塾は創立以来、英語に重きをおく高度の普通教育をめざしていたが、福澤の真意は「出来る限りは数理を本にして教育の方針を定める」ことであった。専門性の要請の風潮を眼前にして、福澤がこれに「サイヤンス」の教育を充実させることで対応しようと考えたのは、ある意味で当然であろう。すでに官学では明治一〇年に東京開成学校と東京医学校を合併して法、理、文、医の四学部からなる東京大学が成立、その予備教育機関としては、東京英語学校を改組した東京大学予備門が成立しており、明治一八年には予備門が大学から文部省に移され、その翌年に公布される中学校令によって高等中学校となり、さらに帝国大学令が公布されると、小学校から大学までの一貫教育体系が成立することになる。一方慶應義塾は廃校の危機を漸く脱したばかりの有様である。こうした状況に、福澤が「時勢に後るゝ」危惧感を感じないわけにはいかなかった。

しかし、当時の慶應義塾の状況では、福澤の求める「サイヤンス」の教育を十分に行える「教授法」が工夫できるわけはない。結局は諦めざるを得なかったものと判断される。そこで福澤が選択した道は「文学塾」、すなわち人文社会の科学に限定した学塾として高度の水準をめざす方向であり、そのために英語教育に一層力をいれるというものであった。一七年一月からの学則改正の結果、従来は「凡そ三年」で卒業とされていたものが、「凡そ五カ年」に延長され、一八年九月からは、本科、予科合わせて「凡そ五カ年」で卒業する正科の外に、「凡そ四カ年」で卒業する別科が設けられた。この改正は、「文学塾」として新しい方向を志向して行われたものと理解される。

明治一六年から大きく減少した在校生数は、福澤に大きなショックを与え、一時は「本塾抔もこのま、ニ而ハ迚も存在すへき見込無之[14]」とまでの心配をしたのであるが、一八年に入ると、在校生数は再び回復に向かい、一九年には過去の最高数に達し、以後順調に伸びていく。他方、官学の領域では、明治一九年三月「帝国大学令」が公布され、それに基づいて東京大学は帝国大学に改組される。

こうした動向は、「文学塾」として、英語を中心とした高度の普通学を目的とした教育を行おうとしていた慶應義塾を刺激し、「大学校[15]」あるいは、「ユニヴハシチ[16]」を持とうとする動きを活発化させた。福澤自身も旧来の慶應義塾の教育法を、すでに時代遅れと感じるようになる。

「……塾ハ次第ニ盛ニ相成、講堂も七月中ニを出来可申。又其維持法も頻りニ思案致し居り候義、何とか出来可申存候得共、拙者之心配と申ハ、教育法も次第ニ進歩之世ノ中、むかし之慶應義塾流抔墨守致候而も、迚も用ニ適せざるハ申スまでも無之、唯人の子弟を誤るニ足る可きのみ。されバ講堂ハ出来、生徒ハ多く、維持之法も緒ニ就きたりとして、最第一重要之教育法が時勢ニ適せずしてハ、如何ニも不外聞千万。……[17]」

大学を発足させるとして、まず問題になるのはその責任者である総長に誰を選ぶか、またそのための資金をどのように調達するかである。人物としては、当時大蔵省に出仕していた、門下の小泉信吉が選ばれた。説得に応じて乗り出すことに決心した小泉は、そのための資金の調達について、三つの方策を考えていた。福澤の近親(姉の子)で古い塾生であり、また成長後はもっとも大切な相談相手であった中上川彦次郎に宛てた福澤の書簡[18]によれば、その内の一は、広く一般から資金を募る方法であり、その二は、何らかの形で政府から資金を得る方法であった。

他の一策は未詳である。福澤はその三策はいずれも実現しがたいと判断するが、特に第二の方策は「末代行はれ間敷」と考え、結局一般から募金する方法と、「他ニ不思議の金を拾ひ出す」方法とが可能であるとしている。

三策の内、政府から資金を得る方策を「末代行はれ間敷」と福澤が判断した理由は、明治一二年から一三年にかけて行われた拝借金運動の成り行きを考えれば、容易にうなずける。また一般から募金する方策について、「成丈ケ塾と福澤との関係を薄くして、時としてハ福澤を利用するも、平時ハ全く無権利之者ニする」ように注意しているのは、義塾は福澤の家塾ではなく、社中共同の力によって維持される独立の結社であるという建前を、世間に明確にすることが必要であると考えたからであろう。

ここで興味深いのは、その外に「他ニ不思議の金を拾ひ出す」方法をあげていることである。これについて、中上川に宛てた前便では次のようにのべている。

「……同氏（小泉の事—引用者—）が入塾之上ハ様、工風も可有之、殊ニ彼の東方之マインも次第好景気ニ而、此様子なれハ資金も出来申すべし。未タ人ニは語らず候得共、実ハ夫れを心に期して、今度之小泉談ニも及ひたる事なり。金さへあれバ小泉も存分ニ仕事出来可申、唯その金を実ニ握りたるときニ、小泉にも語る積りなり。……[19]」

ここでいう「東方のマイン」とは、古い門下生の中村道太と早矢仕有的が当時開発しつつあり、福澤がその資金を援助していた、秋田県の小真木鉱山のことである。中村と早矢仕が共同で経営していた丸屋商社の金融部門であった丸家銀行が、松方デフレのあおりを受けて、明治一七年経営危機に陥ったとき、それを奇跡的に救ったのがこの銀山の開発であった[20]。明治初年以来、経済人としてのこの二人を深く信頼し、丸屋商社の経営に深くタッチしていた福澤は、丸家銀行問題の処理に関して彼等に対する信用を一層深め、明治一九年には、「所有金銭の事は大小となく中村道太に委託して有金の預け所[21]」とするほどになっていた。前掲の注(17)の福澤一太郎宛書簡で「講堂ハ出来」という講堂とは、この中村が寄付した一万円で作られたものである。

小泉の「三策」の内、一般からの募金「慶應義塾資本金」の募集は、福澤の心配を裏切って予想外の好成績であり、二二、二三年度合わせ七九、〇〇〇円が集まった。また福澤がまったく否定的であった政府からの援助も、宮内省からの恩賜金という形で、一、〇〇〇円が下賜された。金額は大きくはないが、それが誘導して、一般の募金を拡大する効果を持つと理解された。

「資本金」の募集がなされると同時に、明治一四年制定の「慶應義塾仮憲法」に代わるものとして、「慶應義塾規約」が制定され、以後何度かの改訂を経て今日にまで及んでいる組織運営の基本的枠組みが決定された。

計画当時「大学部」は、年間の授業料収入の外に、毎年二五、〇〇〇円の別途収入があれば維持できると計算されていたから、この割合で収入が続けば大学部は運営可能と判断され、明治二三年文学、理財、法律の三学科として発足した。

しかしその前途は必ずしも平穏ではなかった。各学科一〇〇名の学生を予定していたが、明治二〇年代では三学科合わせて在学生総数が一〇〇名を越えたことはほとんどなく、大幅な赤字が続き、廃止の声があげられた。何とか危機を脱出できたのは、明治三一年に行われた全般的な制度改革の結果であった。それまでは学年暦も財政組織も独立して併存していた三段階の教育機関が一本にまとまり、官学教育における小学校、中学校、大学の過程にほぼ並行する、幼稚舎六年、普通部五年、大学部五年の一貫教育体制が確立された。その後も従来からの過程で「慶應義塾卒業」とする途も残されてはいたが、しだいに大学部が義塾の教育の本幹と意識されるようになっていった。

大学部の発足と同時に、経常収支の不足を利子収入によって補うに足る基本金の積み立てが企てられ、以後その額は年とともに増大して、第二次世界大戦による貨幣価値の激変まで続き、義塾の維持発展を支えることになった。

明治三二年、最晩年を迎えた福澤は、病後であったため、身近の門下生に依頼して、それまで折りに触れて発言してきた言説の中から、修身処世の教訓となる文言を拾い集めて、二九カ条に編輯し、「修身要領」として発表した。[22]それは自ら思慮判断する智力をそなえた独立した個人が、一個の人間として、一組の夫婦として、親子として、社会の一員として、国民として、国際社会の一員として、どのように行動すべきかを、論理的に一貫して説明している。全条を貫く基本理念は「独立自尊」という語で表現されている。この四文字熟語は福澤の著作の中で使用された例は多くないが、福澤の精神をもっともよく現した言葉として、その後慶應義塾を代表する理念と考えられるようになる。

明治三四年、福澤諭吉は長逝するが、この年慶應義塾維持会が発足し、福澤亡き後の社中協力の意識を高揚させる新しい紐帯となる。その後明治三八年には、鉄砲洲時代以来、永く福澤を支えて義塾の発展に尽くし、福澤亡き後は代わって社頭に就任していた小幡篤次郎が亡くなった。慶應義塾を人格的に象徴していたこの二人の人物を失ったことは、組織を特定の人格に結びつけて意識する観念に変更を迫ることになる。その二年後の明治四〇年、慶應義塾は法人格を取得し、社団法人となる。ここに社中の共同の力によって一個の学塾の維持発展を企図する結社が、独立の法的人格として確立することになり、慶応四年以来たどってきた方向が一応の目的に到達した。

（坂井　達朗）

注

（1）福澤諭吉「禍福の発動機」『福翁百余話』『福澤諭吉全集』六、四一九頁。
（2）福澤諭吉「学者の職分を論ず」「学問のすゝめ四編」、同前三、四八～五六頁。
（3）福澤諭吉「慶應義塾学校之説」『福澤諭吉全集』一九　三七三頁。
（4）福澤諭吉「行路変化多し」『福翁自伝』『福澤諭吉全集』七、二五八頁。
（5）石河幹明『福澤諭吉伝』第一巻　四二一頁。

(6) 慶應義塾『福澤諭吉書簡集』第一巻　九〇頁。
(7) 福澤諭吉「慶應義塾之記」『福澤諭吉全集』一九、三六七～三六八頁。
(8) 慶應義塾『福澤諭吉書簡集』第一巻　九二～九三頁。
(9) 慶應義塾『慶應義塾百年史』上　二六〇～二六二頁。
(10) 福澤諭吉「王政維新」『福翁自伝』『福澤諭吉全集』七　一六七～一六八頁。
(11) 山住正己「解説」『教育の体系』『近代日本思想体系』六、岩波書店　一九九〇年。
(12) この時期に廃校となった洋学私塾の主なものは、村上英俊の達理堂（明治一〇年廃止）、尺　振八の共立社（明治一六年廃止）、中村正直の同人社（明治一八年廃止）などがある。
(13) 慶應義塾『慶應義塾百年史』上　八〇七頁。米山光儀「須田辰次郎―福澤諭吉の師範学校人脈―」『三田評論』一、〇八一　二〇〇五年七月。
(14) 慶應義塾『福澤諭吉書簡集』第四巻　七六頁。
(15) 同前　第五巻　二九頁。
(16) 同前　一七七頁。
(17) 同前　一八六頁。
(18) 同前　二八四頁。
(19) 同前　二八〇頁。
(20) 坂井達朗「彼の東方之マインも次第好景気ニ而」『大学時報』二八二号。同「丸屋商社と福澤諭吉・早矢仕有的・中村道太」『学鐙』九六巻一号　平成一一年　丸善。同「早矢仕有的・中村道太―パイオニア型の企業家の肖像」『三田評論』一、〇八六　二〇〇六年一月。
(21) 「福澤氏口元帳写」『福澤諭吉全集』第二一巻　三四頁。
(22) 「修身要領」の制定の事情とその影響については、坂井達朗「真の意味の独立を問う―修身要領と独立自尊―」（『世紀をつらぬく福澤諭吉　没後一〇〇年記念』二〇〇一年）を参照。

第六章

同志社の創立者と建学理念

はじめに

同志社大学の建学理念は、主たる創立者、新島襄（一八四三〜一八九〇）の「志」に基づく。校名に「志」を抱《いだ》く「同志社」という校名は、発起人として新島と連名で学園を立ち上げた山本覚馬《かくま》が命名したと伝えられているが、校名には新島の思いもよく現われている。すなわち、同志社とは新島と「同じ志」を持つ者が相互に結社した集団、という意味である。

新島が「小生畢生之目的」とするのは、「自由教育、自治教会、両者併行、国家万歳」である（『新島襄全集』四、二四六頁、同朋舎、一九八九年）。教育（学校）と宗教（教会）とは、彼の中で一体である。その背景には十年におよぶ海外生活の体験がある。一年間の船上生活と、八年間のアメリカ留学、そして一年に及ぶヨーロッパ教育視察である。

彼はアメリカで三つの教育機関に学んでいる。高等学校のフィリップス・アカデミー(Phillips Academy, Andover, MA)に在学中の一八六六年に彼は洗礼を受けてキリスト教信徒になった。ついで、進学した大学は、アーモスト・カレッジ(Amherst College, Amherst, MA)である。新島は一八七〇年にここを「理学士」(Bachelor of Science)として卒業した。日本の内外を問わず、日本人初の学士号である。ついで大学院レベルのアンドーヴァー神学校(Andover Theological Seminary, Andover, MA)に学び、牧師の資格を取得して卒業した。その直後、「按手礼」を受けて正規に牧師となって帰国した。その際、注目すべきは、彼がアメリカン・ボード(American Board of Commissioners for Foreign Missions)というミッションから宣教師(厳密にいえば準宣教師)に任命されたことである。

新島の留学生活を精神的、経済的に支えたのは、ボストン在住の資産家、ハーディー(A. Hardy)夫妻である。新島が先に挙げた三つの教育機関で学ぶことができたのは、ハーディーがいずれもその理事を務めていたこと、なかでもフィリップス・アカデミーは母校でもあったことが大きな要因であった。このハーディーが新島をいわば「養子」として家庭に受け入れてくれたのである。新島にとって「アメリカの父」ともいうべきハーディーは、アメリカン・ボードの運営委員会議長(いわば理事長)でもあった。このことが帰国後の新島の教育・宗教界での活動を大きく規定することになるのは、いうまでもない。

アメリカ留学中、新島は一年間、神学校を休学して欧州を遊歴した。岩倉使節団の文部理事官、田中不二麿に随行して、八カ国の教育視察を行ったのである。欧州で伝統的な諸大学を実地に視察したことは、新島の大学観形成に大きく寄与したはずである。

Ｉ　同志社開校から大学設立まで

十年振りに帰国した新島は、在米中に育んだキリスト教学校設立の夢の実現に早速取りかかった。赴任地は同僚宣教師が伝道拠点（当時は神戸と大阪のみ）としていた大阪であったので、最初は大阪で、ついで京都で運動を展開した。「上州系江戸っ子」の新島がアメリカ人宣教師（神戸在住デイヴィス＝J. D. Davis）と関西、それもキリスト教には完全な空白状態の古都であり宗教的首都ともいうべき京都にキリスト教学校を実現させたのは、奇跡的なことであった。奇跡が現実のものとなった背景には、二つの要因が考えられる。一つには、受け皿として、京都府顧問・山本覚馬の協力が得られたこと、いま一つは新島が留学時代に岩倉使節団に協力した際に培った木戸孝允や田中不二麿たちの後ろ盾がものをいった（詳細は拙著『新島襄の交遊―維新の元勲・先覚者たち―』思文閣出版、二〇〇五年参照）。こうして同志社は英学校（男子普通学校）の名の下に一八七五年十一月二十九日に古都の一角で呱々の声を挙げた。新島自身が宣教師であり、資金も人材もアメリカン・ボード頼みであった点で、同志社は「ミッション・スクール」として出発した。

新島の最終的な願いは大学の設立であったので、開校数年後の一八八二年に同志社大学設立運動（第一次）に着手した。日本における最初の私立大学をめざす試みである。新島の場合、宗教教育をベースにしている以上、私立（民間立）でなければならなかったが、さらに国家や政府や官に全面的に依存しない「自治自立の人民」を養成するという意図からも（『新島襄全集』一、一三七頁）、私立であることが積極的、かつ必須の条件であった。

大学設立をみる視点で見失ってならないのは、新島が「本邦人ノ力ラヲ以テ」、すなわち国内の民間募金で設立したいと考えた点である（同前一、一二九頁）。「全ク民力ヲ以テ立テタキモノ」と希望した背景には、高等教育を

「無頓着ニモ、無気力ニモ」政府の手にだけ任せるのは、「依頼心ノ尤モ甚シキモノ」で、「愛国心」の欠如にほかならないと考えたからである（同前一、一二六頁）。

「本邦人ノ力」、「民力」を借りたい、という裏には、さらに次のような事情も介在していた。英学校（普通学校である）を立ち上げる際に支援してくれたミッションが、伝道者養成のための学校（後述）以上の教育機関、とりわけ高等教育に対して資金を提供してくれる見込みは薄かったのである。さりとて、日本人信徒（そもそも少数派であった）だけからの献金ではとうてい賄い切れない。そこで、新島としては非信徒の日本人有力者から多額の寄附を誘い出す意味からも、キリスト教色を前面に出さない校名、「明治専門学校」を名乗るといった方策を取らざるをえなかった。こうした処置は後述の同志社看護学校のネーミング（京都看病婦学校）にもみられるが、これを新島の「非凡さ」とみるか（『同志社百年史』通史編一、三〇一頁、同志社、一九七九年）、「妥協」、あるいは「策士的一面」と取るかは（太田雄三『新島襄』二六三～二六四頁、ミネルヴァ書房、二〇〇五年）、意見の分かれるところである。いずれにせよ、キリスト教学校特有の問題である。

それにしても、元来が病弱の新島には、そもそも大学設立は荷が重すぎた。結局、一八八四年にいたって保養のために、やむなく一年半の欧米旅行を余儀なくされた。これに伴い、大学設立運動は自然消滅せざるをえなかった。一八八五年、新島は欧米旅行から帰ると、伝道再開のかたわら、仙台に同志社分校を創る運動（一八八六年に宮城英学校として実現。翌年、東華学校と改称）などにも手を染めた。そのため大学設立運動（第二次）の再開は、一八八八年まで待たねばならなかった。

今度は、大隈重信、井上馨、陸奥宗光、青木周蔵、勝海舟、岩崎弥之助、益田孝、大倉喜八郎といった政財界の大物たちが協力してくれた。英米との条約改正交渉という局面が順風となって同志社やキリスト教に幸いした（『新島襄の交遊』参照）。徳富蘇峰の進言もあり、新島は「明治専門学校」の名称を「同志社大学」に戻した。けれども募金はある程度の成功を収めたものの、目標額には及ばず、結局、新島の死去（一八九〇年）により運動はまたもや挫折に終わった。興味深いことに、新島たちの動きに触発されて大学部設立に取り組んだのが福沢諭吉で、慶應義塾は同志社より先に日本初の私立大学部を立ち上げた。発足が新島の葬儀の当日（一月二十七日）であったのは、なんとも皮肉なことである。

ところで、新島の大学構想であるが、ミッションとの間に多少の齟齬があった。結論を先取りすれば、新島はカレッジに止まらず、総合大学（university）をめざしていた点で、ミッション本部や同僚宣教師（とくに同志社の外国人教員以外の）から理解と支持が得られにくかった。この点、新島が死去直前に書き残した最後の英文書簡中に興味ある記述が含まれる。十五年前、すなわちアメリカから帰国する一八七四年に、「キリスト教カレッジ」を創るという「白昼夢を抱いた」が、一八八四年以後は「キリスト教総合大学」を設立する夢に膨らんだ、というのである（『新島襄全集』六、三六六～六、三六七頁）。漠然とした形ではあるが、元々総合大学は早くから新島の視野の内にあった。開校一年後のことであるが、同志社英学校を「将来のカレッジや総合大学」の核にしたい、との期待が表明されている（同前六、一七六頁）。一八八二年一月には、「大和の山林王」土倉《どぐら》庄三郎から法学科（法学部）設立資金として五千円の寄附があった。ついで、新島は同年十一月から（将来の医学部構想の一環として）医学校と看護学校の設立運動に着手した。

翌年には「キリスト教主義の私立総合大学」を発足させるのがわれわれの熱望、といった発言が目に付く（同前六、二一〇頁）。そしていよいよ「カレッジから総合大学」への変化があったという問題の一八八四年である。一月十九日に新島宅で同志社大学設立仮発起人会が開かれた。仮発起人（十七人）は新島襄以外、信徒は一人だけ、そのうえ、大半が府会議員を主軸とする地元政財界の有力者であった。法学部を含む総合大学への期待は、新島の周辺でも大きかった。その後、四月二日にいたって校名を、それまでの「同志社大学」から「明治専門学校」に改称することが設立委員会で決定した。発起人の構成からして、予想された変更である。羊頭狗肉的な「キリスト教隠し」ともいわれかねない処置であるが、新島は「名を捨てて実をとった」。こうして運動はようやく軌道に乗りはじめたが、四日後に新島は第二次欧米旅行に旅立った。

旅先から同志社教員たちに出された手紙には、「我カ東洋ノ興隆ハ偏ヘニ基督《キリスト》教会ト該主義大学ノ二物ニ関スルト固ク信シテ疑ハサレ」とある（同前三、三一一頁）。この「大学」は、ほぼ同時に書かれた手紙中の「右ノ金子《きんす》ハ今之同志社を盛大ニするの策なり、ユニウォーシティーの為ニハ非《あ》らす」にある「ユニウォーシティー」を指すのであろう（同前三、三一〇頁）。ただ、同じ時期に「同志社ヲシテ米国ノ上流コルレジノ如クナラシメヨ」という一文もある（同前三、三一四頁）。混乱が生じているようにみえるが、これは徴兵令の改訂に伴い官立学校に適用されている徴兵猶予特典を同志社も確保するために、現状のカレッジレベルを官立並みに引き上げることが急務、という意味であろう。

新島の晩年には、同志社病院・京都看病婦学校（一八八七年）と同志社神学校（一八八九年）が、そして永眠直後には同志社ハリス理化学校（一八九〇年）と同志社政法学校（一八九一年）がそれぞれ日の目をみた。けれども、その後の一八九〇年代は一転してキリスト教にとっては逆風の時代となった。そのため学園は現状維持もままならず、規模縮小に追い込まれた。おまけに新島「社長」（今の総長）の後を継いだ教え子たち（いわゆる「熊本バンド」）が、アメリカン・ボードからの独立をめざして、ミッションと抗争を繰り広げたことが事業縮小に輪をかけた。彼らは外国資金を謝絶した。その結果、ミッションは資金だけでなく、人材（宣教師）をも同志社から引き揚げた。ミッション・スクールの悲哀である。

二十世紀に入って、キリスト教への風当たりも弱まり、さいわいミッションとの和解も成立した。生徒数はようやく新島校長時代に戻り、一九〇四年には専門学校を開くまでになった。そしていよいよ同志社大学の誕生である。

新島永眠二十二年後の一九一二年のことである。キリスト教大学としては第一号である。ただし、専門学校令による大学である。大学令による同志社大学の実現は、さらに遅れて一九二〇年である。

Ⅱ　新島襄の志

新島の経歴からも推察できるように、同志社の建学精神は新島の在外体験、とりわけアメリカ留学と欧州視察に負うところが大きい。彼が欧米をめざして密出国した函館（箱館）は、同志社の起点とさえ位置づけることができる。その当時、彼が作詞した漢詩が、現在、密出国現場に立つ記念碑に彫られている。文中注目すべき文言は「千里之志」である。この「志」こそ、十一年後に開校する「同志社」につながる一つの源流であろう（詳しくは拙著『千里の志—新島襄を語る㈠—』思文閣出版、二〇〇五年）。

新島の人間形成、ならびに帰国後の教育活動を考えた場合、フィリップス・アカデミーとアーモスト・カレッジの教育内容と性格が、新島に決定的な感化を与えたことは間違いない。両校は、現在も「リベラル・アーツ」（liberal arts）教育重視の教育機関として抜群の名声を誇っている。とくにアーモスト・カレッジはリベラル・アーツ型カレッジの典型で、毎年の全米カレッジ・ランキングでウィリアムズ大学（Williams College, Williamstown, MA）と一、二位を争う。

「リベラル・アーツ」は一般教養科目や語学（アメリカではギリシア語、ラテン語などの古典語）を主軸とするが、文系、理科系、保健体育系、芸術系など幅広い科目を学習し、人格の調和的な発展をめざすところに特色がある。それゆえ、往々、教養教育とみなされやすいが、むしろ人格教育、あるいは全人教育と理解した方が本質を捉えやすいように思う。したがって、「智育」だけでなく、「徳育」にも力点を置く。徳育を効果的に行うために校内に寄宿舎を備え、全寮制による人格形成をめざす。教職員も同じ校地に家族と居住し、学生たちと二十四時間、人格的な接触を心がけ、人間形成に力を注ぐ。要するに「寄宿舎学校」(boarding schools) が基本である。

さらに、徳育は宗教をベースに置く場合、学生への感化は顕著である。新島の学んだ学校が三校揃ってキリスト教(プロテスタント)、細かくいえば会衆派 (Congregationalism) 系である所以である。この教派は、ピューリタンたちが、イギリス (Old England) から新大陸へ宗教の自由を求めて移住して以来、ボストン中心に新英国 (New England) において新天地建設に絶大な力を発揮した。とりわけ、学校と教会を車の両輪のように並行させ社会形成に取り組むという伝統を守った。このことは、フィリップス・アカデミーやアーモスト・カレッジ、さらにはウィリアムズ大学が、ハーヴァード大学やイェール大学ともども、会衆派系であるという事実からも容易にうかがえるはずである。

リベラル・アーツは調和的な人格形成をめざす以上、智育、徳育(宗教教育)と並んで「体育」をも重視する。全人教育とみなされる所以である。フィリップス・アカデミーやアーモスト・カレッジは、両校とも全米の体育先進校であった。新島は保健体育の講義と実技を正規に大学で受講した最初の日本人学生と考えられる。リベラル・アーツは、専門・技術的科目よりもむしろ幅広い一般教育を重視し、「精神性」の涵養や人間形成に主力を置くために、法律や医学、神学などの「専門性」を磨く教育(実技・職業訓練)は他の大学院(原則として自らは大学院を設置しない)に委ねることが一般的である。新島も牧師になるための訓練はカレッジではなく、同教派の大学院(神学校)で受けている。

新島が自分の志を帰国後、日本で実現したいと考えた時、彼の脳裏にあったキリスト教学校のモデルは、ひとまずフィリップス・アカデミーやアーモスト・カレッジであったはずである。事実、彼は「京都の学校をウィリアムズ・カレッジやアーモスト・カレッジのようにせよ」と指示する。ちなみにここでウィリアムズ・カレッジにもアーモストと同等の評価が下されていることは興味深い（『新島襄全集』六、二〇四頁）。

同志社の教派はこれらのカレッジと同じく、最初から会衆派（日本では組合教会と呼ばれた）であるが、いま一つ決定要因がある。彼がアメリカン・ボード宣教師として日本に派遣されたこと、しかも理事長のいわば「息子」として帰国したことである。このミッションは会衆派が支配する海外伝道団体であるから、他の教派を選択する余地は新島にはほぼない。当時は、アーモスト・カレッジからアンドーヴァー神学校へ進み、卒業後はアメリカン・ボードから宣教師として海外派遣される、というのが、宗教的な学生の場合の本流的な進路であった。それゆえに、アーモスト・カレッジは専門教育よりも全人教育に力を入れているにもかかわらず、時に「牧師の製造工場」と呼ばれる。新島牧師も同校で「製造」された一人である。

Ⅲ　ミッション・スクールの経営

ミッション・スクールとして開校した同志社英学校には、日本人の寄付はほとんどなかった。この点は京都の特殊性で、明らかに開港地の神戸とは事情を異にした（拙稿「京都ステーションの特異性」、同志社大学人文科学研究所編『アメリカン・ボード宣教師』教文館、二〇〇四年を参照）。神戸で開校したアメリカン・ボード系女学校（今の神戸女学院）に寄付金を出した九鬼隆義のような支持者は、京都には不在であった（『新島襄の交遊』一五〇～一六二頁）。同志社の場合、生徒の納付金は微々たるものである。地元からの入学志願者が期待はずれであったことや、同志社がミッションに対しては「伝道者養成校」（a training school）、すなわち神学校としての性格を前面に出さざるをえなかったためである。キリスト教学校は、京都市民から受け入れられたわけではない。

ミッションはもちろん神学生を歓迎する。けれども無策では生徒を集められない。その点、熊本洋学校からの集団入学生、いわゆる「熊本バンド」は「棚から牡丹餅」である。こうした幸運は「柳の下のどじょう」であるだけに、神学生募集には特別の配慮が必要である。それが給費制である。これは、有力他教派である長老派(Presbyterianism)系神学校が東京で潤沢な資金をばらまくようにすべての神学生に奨学金を与えていることへの対抗策でもあった。そのため神学生(給費生)は学校経営の点ではなんら潤うことはなかった。同志社の場合は、全員ではなく、神学生や普通科生の一部を奨学生にしたが、給付金の名目はアルバイト料であった。そのため彼らには清掃、門番、司書などの軽い作業が義務づけられた。

ミッション・スクールとしての同志社は、もっと大きな問題を当初から抱え込んでいた。一つは、経営問題である。アメリカン・ボードが伝道団体である以上、伝道者養成以外の純粋な教育事業(「読み書き」を教えるためだけの初等教育ならいざ知らず、新島が望んだような高等教育)に多額のミッション資金を注ぎ込むことは、元々は許されなかった。規模が拡大するにつれて、同志社はミッションには「金食い虫」となってきた。そのため、開校十二年目にいたって、教員のラーネッド(D. W. Learned)の進言を受けてミッションは経営権を日本人に移管することを決めた。こうして一八八八年一月に同志社「社員会」(理事会)は「社員」(理事)を五人から九人に増員しただけでなく、議事録を作成し、記録(それも日本語で)を残すことを始めた。それまでは、ミッション会議(新島は準宣教師であったために議決権はなかったが、メンバーであった)が社員会を代行していた。さらに同年九月に同志社は「同志社通則」を制定して社員会を二十人に拡充した。募金や運営を自力で行える体制作りである(拙稿「京都ステーションとしての同志社」二六三〜二六六頁、同志社大学人文科学研究所編『来日アメリカ宣教師』現代史料出版、一九九九年)。

もちろん、日本人に経営責任が移管されても、すぐに財政的な自立が実現したわけでない。事実はむしろ逆で、アメリカン・ボードは(一九六一年に組織を発展的解消するまで八十数年にわたって)引き続き人材と資金を同志社に注ぎ続けた。ちなみに日本人社員会について補足すれば、開校当初は同志社発起人であった新島襄と山本覚馬の二人だけという構成で、しかも山本は名目的な社員に過ぎなかったので、組織としてはまったく機能してはいなかった。この点、ミッションは病弱な新島の進退をたえず苦慮せざるをえなかった。なぜなら京都は神戸（開港地）や大阪（居留地）と相違して、外国人に財産所有権がない「内陸地」(inland)であったために、ミッションが同志社に注ぎ込む巨額の資金（不動産）は、ここでは日本人（新島襄）名義にする以外に取る方法がなかったからである。それゆえ新島の非常時（急死）は、財産上の大混乱を招きかねなかった。

そうしたミッションの懸念もあって、一八八三年に社員会は五人構成に拡大され、不動産の名義変更がなされた。このときはじめて「寄附行為」に相当する「四ケ条ノ社則」なるものが制定され、「同志社ノ財産ヲ[所]有[ス]トスル」（[ ]は本井）ことが盛られた。「同志社という名の法人」(holding company, the Doshisha)の誕生である。ただ、経営に関しては何らの変更もなかったので、社員会は相変わらず名目的であった。先に見たように一八八八年に至って、ようやく根本点な改革がなされたわけである（「京都ステーションとしての同志社」二五九頁）。

その後、先出の同志社通則に基づき、一八九九年に同志社財団が民法規程により設立されたのに伴い、改めて「同志社財団寄附行為証」が制定された。これに従い、社員会は「理事会」と改称され、また社長は「基督教会ノ信任を要スルモノ」というキリスト教規定がはじめて導入された。理事にはこうした規定はないものの、理事会において（社長同様に）キリスト教主義を謳った同志社寄附行為遵守の誓約が義務づけられた（『同志社百年史』資料編二、一、一六二頁、同志社、一九七九年）。ただし、キリスト教規定の有無に関わらず、現実に非信徒が理事になることは慣例上なかった。

ちなみに戦後に至って、一九五一年制定の寄付行為により、理事は三人の学識経験者を除いてキリスト教信徒でなければならない、と明文化された（同前二、一二〇一頁）。近年はさらに緩和されたとはいえ、役員や理事に関するキリスト教条項は、キリスト教主義教育を円滑に行うための基本条件であった。

ところで、以上見てきた問題は、今一つの大きな教育問題、すなわち教育内容・水準と密接に関連する。新島は留学を終える時点ですでにアーモスト・カレッジ並みのカレッジ構想を練っており、伝道者養成校レベルでよしとする発想はしていなかった。彼には少なくとも「伝道者養成校に加えてカレッジ機関（a collegiate institution）」が必須であった（『新島襄全集』六、一六三頁）。ところが、ミッションでは本部（ボストン）はもちろん、在日宣教師の大半もそれに組みしなかった。積極的に賛同してくれたデイヴィスやラーネッドのような同僚はむしろ少数派であった。新島の大学構想は、最初から大きな壁に直面していた。ミッションの支持と協力が得られたからこそ、新島は念願の学校立ち上げに成功したわけであるが、逆にそれが足かせとなって、それ以上に発展（大学）する道は封じられかねなかった。

先に見たように、新島が同志社大学をめざして次々と専門教育機関を設立しはじめたのは一八八七年である。これは、ミッションとの関係でいえば、理由のないことではなかった。その際、政法学校が典型であるが、原則的には設立資金は日本人による寄付とする方針が貫かれている。ただ、医学・看護関係は依然としてミッションの協力が不可欠であったし、ハリス理化学校などは、全額（十万ドル）がアメリカの篤志家の寄付に拠った。

Ⅳ　精神的・宗教的要素

ミッションは内陸部の京都では日本人である新島襄を校長に立て、宣教師は彼の雇用者とならざるをえなかった。けれども実権は宣教師が保有したのであり、そのため教学の面でも、新島と並んでデイヴィスら宣教師の指導性は強力であった。カリキュラムも彼らの協力なしに組み立てられるはずはなかった。それだけに新島の教育理念がどこまで学校内で貫徹したのかは、多少、疑問が残るところである。けれども、新島と他の外国人教員に共通する理念が多かったからこそ、大きな問題が生じることなく、ことが運ばれた印象を受ける。

そうした限定を踏まえたうえでの、新島（同志社）の教育理念の大きな特色は、徳育（心育、心の教育）の重視である。当時の諸学校が智育（頭の教育）偏重であった現状批判として、新島はこれら二種の教育の「薫陶」を説く（『新島襄全集』一、二四頁他）。以後、これは同志社教育の中核に据えられる。たとえば、既出の「同志社財団寄附行為証」ではつぎのように明文化されている。

第一条　智徳並行ノ主義ニ基キ　教育ノ業ヲ挙クルヲ以テ本財団ノ目的トス

第四条　本財団ノ維持スル学校ハ基督教ヲ以テ徳育ノ基本トス（『同志社百年史』資料編二、一一六一頁。傍点は本井、以下同）。

さらに、五年後の「同志社専門学校入学心得」（一九〇四年）には、もっと直截《ちょくせつ》に「本社の目的は智徳併行の主義に基き、教育界の通弊たる智育偏重の幣を避け、精神的教育の特色を発揮し、［中略］毎朝公会堂［チャペル］に於《おい》て生徒を集め、徳育談を聴かしむ」とある（同前二、一四五二頁。［ ］は本井）。

こうした教育観は新島のアメリカ留学中の産物であり、彼は人格形成に及ぼす宗教教育の重要性と必要性を痛感していた。これは宣教師にも共通する認識であるが、キリスト教をベースに据えた精神教育を従来の知的教育と「共存」させることが、同志社教育の最大の特色である。新島（校長兼牧師）は、教育にも宗教的要素は不可欠、と考えた。「信仰を以て学校の基礎となし、学術を以て左右の翼と為《な》す」というのが彼の理想だった（同前三、三〇五頁）。

こうした新島の理念を汲めば、同志社教育はまずは「良心教育」である。「同志社大学設立の旨意《しい》」で、大学の目標は「一国の良心」ともいうべき人物の養成、と謳われたり（同前一、一四〇頁）、「良心之全身ニ充満シタル丈夫《ますらお》ノ起リ来ラン事ヲ」望んで止まざるなり、との文言を掘り込んだ「良心碑」が、学園の正門近くに「同志社の表札」のように立てられている所以である。

新島は一方で宗教者であるだけに、その教育理念は良心の重視に限らず、一体に精神的な要素が強い。こうした学風の中で育った同志社初期の出身者たちは、精神界（宗教、教育、学界、社会福祉、社会事業、マスコミなど）での活躍が目立つ（同志社山脈編集委員会編『同志社山脈―百十三人のプロフィール―』晃洋書房、二〇〇三年参照）。あたかもそれは慶應義塾が財界へ、東京専門学校（早稲田大学）が政界に多数の人材を送り込んだのと、軌を一《いつ》にする印象さえ受ける。

さらに、新島の薫陶を肌で受けた卒業生や教職員の一部が他学に頭脳・技術「流失」することにより、同志社は私学教育の独自性を拡充、確立することに多少とも寄与することができた。その好例は東京専門学校（早稲田大学）と日本女子大学校（日本女子大学）である。「同志社学風の輸血」（木村毅《き》『早稲田外史』二二九頁、講談社、一九六四年）として周知の事柄である。大隈重信設立の前者は、まず創立者同志の交流があり、それを受ける形で以後も両学の人的交流は継続した（拙稿「日本女子大学と同志社―成瀬仁蔵と新島襄が蒔いた種―」『成瀬記念館』一七、日本女子大学、二〇〇二年一二月）。

こうした歴史的遺産は幸い現在にも活かされ、早稲田・同志社間、ならびに日本女子大・同志社女子大間における単位互換制（一年間の国内留学）に結実し、学生に還元されている。このほかにも全国各地の中等・高等教育機関、引いては女学校で創立者、あるいは教員、職員として地道な活動を展開した卒業生は数多い。要するに同志社の学風は首都の大学を始め他校にも注入され、優れて精神性（宗教性）、ひいては私学性を付与するのに大きく貢献した。

V　リベラル・アーツ

新島や宣教師の教育姿勢や実践で特筆すべきは、彼らが学んだアメリカにおける教育内容、とりわけその中核ともいうべきリベラル・アーツ教育が基本的に取り込まれていることである。

最近の同志社大学学生（含院生）意識調査によっても、同志社大学の長短所第一位はともに「リベラルな校風」であった（『同志社大学通信 *One Purpose*』一四二、五～六頁、同志社大学広報課、二〇〇五年五月）。同志社の伝統と校風、さらにＩＤ（存在価値）は「リベラリズム」とみてよいであろう。こうした校風の源泉は、たしかにリベラル・アーツにあったと思われる。先に人格教育、ないしは全人教育と捉えてみたが、この言葉が本来的に有する意味は「自由科目」、ないしは「自由教育」である。人間を「リベラル」にするためのカリキュラム（普通・一般教育）である。新島が「自由教育、自治教会、両者併行、国家万歳」を生涯のモットーとしたことが改めて想起されねばならない。

留学時代、新島は田中不二麿から文部省入りを強く懇請されたが、最終的には「政府の奴隷」になる道（出仕）を拒絶し、「日本の自由市民」（a free Japanese citizen）であることを選び取った（『新島襄全集』六、九八頁）。ここから、新島は「日本最初の自由独立人」と評されたりする（『早稲田外史』二二三頁）。

こうした「自由人」の育成をめざす人間教育が同志社設立の一つの目標でもあった。その点は新島自身が、「同志社教育の目的は［中略］、精神活力あり、真誠の自由ヲ愛し、以て邦家ニ尽す可き人物を養成するを務む可き事」と「遺言」の中でわざわざいい残していることからも明らかである（『新島襄全集』四、四〇三頁）。

そこで次に、リベラル・アーツの中味を見てみたい。人格形成に主眼を置くために、宗教教育（キリスト教教育）による徳育が強調される点は既述した通りである。それ以外にもその前提、ないしは関連条件として、①少人数教育、②寄宿舎、③礼拝、④土曜休業、⑤幅広い一般教育、とくに体育の重視、⑥女子教育などがあげられよう。同志社の現状では、いずれもかなりの変質を来たしているが、その転機についてもみておきたい。

まず、①少人数教育であるが、アーモスト・カレッジは新島在学当時、学生数が二百五十人程度、百三十数年後の現在でも千八百人以下という少数精鋭主義を堅守している。一方、同志社大学はすでに院生を含めて二万五千人に迫ろうかという肥大化をきたしている。

この少人数教育、すなわち「個人・個性の尊重」は、牧師でもあった新島の個性がもっとも本領を発揮する領域でもあった。「ひとりは大切」を教育信条とした新島は、接する生徒たち各人に深い人格的感化を与えた。また「クラスで一番できない生徒を注目したい」とか「破れ太鼓の皮までも捨てるなかれ」という文言に彼の教師・生徒観がよく現われている（詳細は拙著『ひとりは大切』思文閣出版、二〇〇六年を参照）。新島にとっては、生徒一人ひとりは、どんなに小さくても神の創造にかかる同じ「被造物」として畏敬と連帯の対象たりえた。彼には生徒・学生個々の人格を認め、相互に尊重し合う学園共同体が理想であった。もちろん女性の人権を尊重する点でも同様である。女子にも男子並みの普通教育（職業訓練・家事教育ではなくて）を施すために、男子校に続いて一八七七年に同志社女学校（現同志社女子大学）を発足させ、自ら校長に就いた。

彼のこうした個人（個性）尊重と平等主義は、「遺言」でもさらに顕著に示される。冒頭に出るのが「「社員［教職員］たるものハ、生徒ヲ鄭重ニ取扱ふ可き事」という願いであり、「倜儻《てきとう》不羈なる書生」（信念と気骨のある学生）を「圧束」しないように、とか「同志社は隆なるニ従ひ、機械的ニ流るるの恐れあり。切に之を戒心す可き事」」といった文言が続く（『新島襄全集』四、四〇三頁）。能力の大小や有無に関わらず、新島は「小魚」も「大魚」も自在に泳げる一種の「共生」共同体をめざしたのだが（同前四、三〇六頁）、その伝統は今も学内に生きている。

たとえば、学生への支援（サーヴィスとサポート）、とりわけ「障害学生への支援」の面で同志社大学は全国第一位の評価を受けている（『大学ランキング　二〇〇六』、朝日新聞社、二〇〇五年）。

次に②寄宿舎生活による二十四時間教育は、アメリカでは寄宿舎学校《ボーディングスクール》がその典型であるが、同志社も初期に遡るほど、その度合いが濃厚である。たとえば、最初に建てた自前の校舎二棟は、「第一寮」、「第二寮」と呼ばれ、一階が教室、二階が寮室という造りになっていた。要するに寄宿舎の中に学校があるようなものであった。生徒の大半は市外や府外出身で、通学生は例外的存在であった。したがって日常生活の諸場面で濃密な個人的接触による人格的感化が期待できた。卒業（卒寮）する頃までに、ほとんどが洗礼を受けた。

一九〇四年の「同志社専門学校入学心得」でも寄宿舎は依然として全寮制に近い位置づけがなされている。「本社は生徒の品行を取締るを以て最も大切なりとなすが故に、生徒は悉く之を寄宿舎に入れ、校長の許可を得るにあらざれば、一切通学を許さず」とあり、寄宿舎が十二棟、用意されていた（『同志社百年史』通史編二、一四五二頁）。

ところが、学生の増加は寄宿舎不足をもたらした。専門学校令により一九一二年に念願の大学となった同志社は、皮肉にも「同志社大学政治経済部及英文科第一回報告書」（一九一三年）でこう慨嘆せざるをえなかった。「寄宿舎の設備は、学風の養成に密接の関係あり。殊《こと》に我が同志社の如く、精神的修養に重きを描く学校に於いて最も然《しか》りとなす。然るに近時、同志社各学校生徒の激増と共に著しく寄宿舎の不足を告げ、到底志願者を充分に収容する能はざるを以て、本大学部専用として割り当てを受けたるは一棟のみ」（同前二、一三五三頁）。

決定的な変化は、戦後の新制同志社大学発足（一九四八年）である。学部増設に伴う学生数の肥大化は、ついに寄宿舎教育を基本的に放棄させた。同年制定の「同志社大学学則」は、「寄宿舎を設け、通学に不便な者等、一部学生を入舎せしめる」と規定する。下宿の提供に終始する、という所まで後退せざるをえなかった（同前二、一四三七頁）。

この点は③の礼拝も同様で、全校礼拝は収容力の点だけでも物理的に実行不可能にならざるをえなかった。とりわけ通学生は宗教教育では「蚊帳の外」に置かれやすかった。

④の土曜休業も大きく変容した。週休二日制は元来キリスト教学校のいわば専売特許であった。その根拠は、日曜日を「安息日」として教会の礼拝参加や聖書の学習などに費やすためには、土曜日を休日（いわば日曜日）とする必要があったである。すなわち、徳育（宗教教育）重視の当然の帰結である。たとえば、「同志社尋常中学校・高等普通学校規則」（一八九六年）はこの点を明記する。「◎休日　毎週、土曜、日曜の両日は休業とす。但、土曜は専ら体育のため、日曜は専ら徳育のために用ゆることを奨励す」と（同前二、一五一八頁）。換言すれば、平日は学習（頭の教育）、土曜は野外レクレーション（身体を鍛える）、そして日曜は教会活動（心を耕す）に費やすことが望ましいとされたのである。

しかし、これも大学昇格に伴い、変質した。理事会は同志社大学の設立と同時に（一九一二年四月から）土曜休業を廃止し、授業を入れた。おそらく土曜を休まぬ帝国大学などに学術面で対抗するための処置であったろう。この結果、従来のように日曜日を「魂を鍛える」ことだけに使うことは許されなくなった。日曜は、土曜と日曜が重ね合わさった単なる一休日となった。これが宗教教育に大きな変化を招来したことはいうまでもない。

最後に⑤体育の重視を取り上げてみたい。新島の母校がアメリカでは学校体育の先進校であったように、同志社は日本では体育面（授業、設備、課外）でも先駆的な存在で、体育を早くからカリキュラムに組み込んだ。つまり智育、徳育と並んで体育はリベラル・アーツの三本柱であった。詳細は拙稿「アメリカン・ボード宣教師、ラーネッドの場合」（同志社大学人文科学研究所編『外国人教師の目に映った百年前の同志社』同志社大学人文科学研究所、一九九五年）に譲るが、一八七九年にチャペルとほぼ同時に体育館を建築し、体育の授業をはじめた。

前に見た週休二日制は、徳育だけでなく、多分に身体の訓練と関連があった。同志社設立後、ほぼ三十年を経た時点でも、その伝統は学内に息づいていた。たとえば、同志社専門学校の場合であるが、「同志社専門学校入学心得」（一九〇四年）は、「体育　各学校に於いて定規の体操科を置き、且つ各種の運動を奨励し、毎土曜日には専ら体育の為に遠足を為し、山河を跋渉し、英気を養はしむ」（傍点は本井）と明記する（『同志社百年史』資料編二、一四五二頁）。その代わり、日曜日は遊戯・球技類ご法度であった。同じ文書に「日曜日は勿論、放課時間の外は一切玉投げ其他喧騒なる遊戯を禁ず」とある（同前）。

Ⅵ　新島の志の継承と発展

以上見てきたように同志社初期には顕著であったリベラル・アーツ教育は、その後徐々に変容し、一九一二年の大学昇格とともにその基盤を大半、消失した。けれども興味深いことに、その伝統は一部ではあるが再度、戦後の新制大学に復活した。

新制同志社大学（一九四八年発足当時は四学部、翌年二学部追加）で総長の座に就いたのは、湯浅八郎であるが、総長としての手腕は「教養学部」の設置（一九四八年）に見いだされる。彼は教養学部準備委員三人の一人に二十六歳の文学部教授、オーティス・ケーリを抜擢した。ケーリはアーモスト・カレッジの卒業生で、前年の一九四七年に同志社大学に赴任したばかりであった。

ケーリは、湯浅総長の意を呈してアーモスト・カレッジに例を取ったリベラル・アーツ教育を同志社に新たに移植することに尽力し、初代教務部長《レジストラー》としてその定着にも尽力した。その骨子は、最初の二年間（一、二年次）に四つの必修科目（宗教学、国語、英語、体育）を履修、習得したうえで、三年次進学時に専門の学部・学科を進路選択するというものであった。宗教学や語学と並んで、体育が必修である点は注目すべきである。

この教養学部は一九五一年には頓挫した。おまけに前年には湯浅は同志社総長を辞任していた。挫折の要因は、二つ考えられる。一つは学内的な要因で、三年次の学部・学科選択に偏りが生じるなど、いわゆる「横割り」システムがうまく作動せず、結局、入学時に学部別選抜を行うという学部本位の「縦割り」制へ移行せざるをえなかったこと。付随して学科の学年指定への批判、すなわち二年間ではなく四年間にわたる履修（代わりに専門科目をも一、二年次に配当）が望ましいとされた。いま一つは外的要因で、東京大学と国際基督教大学がその後、四年制の教養学部を設置したのに伴い、同志社も四年制学部への昇格を求められたが、財政上、それは適わず、「教養部」と称するにとどめたことである（『同志社百年史』通史編二、一二九六～一三〇四頁）。

失敗したとはいえ、その試みから教訓を学ぶべきである。近年の大学ランキングでは、上位大学にカレッジタイプが目立つからである。たとえば「学生満足度」の高い大学は、「総合」一位が国際基督教大学、二位が津田塾大学、三位が同志社女子大学、四位が東京外国語大学、となっている（『大学ランキング二〇〇六』）。上位三大学に共通するのは、私立、小規模、キリスト教系（津田塾はキリスト教主義を謳ってはいないが、創立者の津田梅子は信徒である）、それにリベラル・アーツという四点である。ただ、アメリカ型のリベラル・アーツとは相違して、日本の大学は押しなべて大学院を併置、完備しようとする点で、アメリカのカレッジとは路線を異にする。それでも、同じ同志社でありながら、同志社女子大学などは、近年まで小規模大学であるばかりか、今でも英語の大学名（Doshisha Women's College of Liberal Arts）にわざわざリベラル・アーツを入れて、強調している。

ところで、大学ランキングの各部門で常時、上位にランクされるのは、国際基督教大学である。その基礎を築いた点では、湯浅八郎はけだし創立者である。彼が同志社総長から国際基督教大学の初代総長に転身した意味は小さくはない。なぜなら、同志社大学で着手した「教養学部」の試みを国際基督教大学に移植、開花させた、とまではいえないまでも、相互関連を指摘することができるからである。湯浅はかつて「同志社の精神的遺産」を①新島襄、

②キリスト教、③国際主義、④民主主義の四項目に摘出してみせた（『同志社百年史』通史編二、一二九三頁）。その意味では「第二の新島襄」として理想のキリスト教大学を夢み、晩年を国際基督教大学の立ち上げに挺身した、といえるであろう。もしそうならば、国際基督教大学についで大学ランキング（学生満足度）第三位の座を占める同志社女子大学ともども、新島の「志」は今も両大学で脈々と活きているということになる。

二〇〇七年度に日本の大学は「全入時代」を迎える。それぞれが生き残りをかけた戦略を模索中である。建学精神をはじめとする存在価値（ＩＤ）が何よりも問われる時代である。それはカリキュラム面での改革に及ぶはずである。たとえば、同志社大学は「同志社らしさ」を少しでも発揮するために二〇〇五年度に「同志社科目」（群）を新設し、新島襄・建学精神、ならびにキリスト教の基礎が学べるために専用のテキストも作成した。ひとまずは選択科目としての導入である。

こうしたリベラル・アーツ教育の見直しと並んで、今ひとつの活路は大学院の充実であろう。新島がカレッジと総合大学の両面を共に希求したように、学部レベルの全人教育（人格教育、ならびに一般教養教育）と大学院での専門教育との総合（コラボレーション）が、日本では望ましい大学像であろう。人間性と専門性の調和である。

十九世紀に新島が抱いた「志」が、二十一世紀に樹立されるならば、その時はじめて「志立大学」の名に相応しい私立大学が日本にも実現するはずである。

（本井　康博）

第七章

日本女子大学の建学理念と教旨の展開

はじめに

日本女子大学は明治三四（一九〇一）年四月、日本女子大学校として創立された。

本稿を記すにあたり、女子教育をめぐる近代日本の教育状況の概観をはじめに述べておきたい。

明治五年の「学制」は「一般の人民　華士族農工商及婦女子[1]」すべて学ぶことが望ましいとされており、まず男女の別なく初等教育（小学校）に子どもたちを就学させることが奨励され、全国一律に初等教育機関をおき、一見、男女平等・同質の教育をはじめたようにみえる。ところが同時期の文部省における「学制施行に関する当面の計画」によれば、「今日の女子後日の人の母なり、女子の学びざる可らざる義誠に大いなりとす[2]」とあり、男子は己のために、女子はその子のための勉学奨励である。明治一二年の「教育令」では法のうえでも明文化する。第四二条で「学校ニ於テハ男女教場ヲ同ジクスルコトヲ得ズ[3]」とし、教科は女子に裁縫を設けた。男女の役割の違いは分離教育として現れ、とくに中等教育以上の別学体制を明確化し、教育内容も異なった。この体制は第二次世界大戦後まで続く。この体制のもとでは、女子は小学校就学の奨励に止まる。したがって小学校の就学率でも男子の順調な伸びに対し、女子のそれは遅滞をくり返しながら上昇する。中等教育機関は女子には公立はほとんど用意されないので、その役割は私立が担うことになった。先鞭をつけたのはプロテスタント系のキリスト教女学校である。少し遅れてその他の女学校も開校されるが、いずれも小規模であり、都会中心であることは否めない。文明開化期が過ぎ、明治二十年代の国粋主義の風潮が生まれてくると保守的な女性論も登場し、とくにキリスト教系に風あたりが強くなり衰退をみせる。

明治三一年親族法・相続法が施行されるに至った。それは家父長（父・夫など）に大きな権限を与え、女性はその下におかれ、とくに妻は準禁治産者並に扱われた。この「家」構造は背景に天皇制家族国家観があり、明治三三年の治安警察法で女性の政治参加を従来通り禁じたことにもつながる。

ここに女子教育の方針として良妻賢母主義の教育が明確化された。明治三二年、高等女学校令が公布される。男子の中学校令におくれること一三年である。当時首都東京には公立女学校は一校のみであったが、文部省は次々と規則を定め、一県最低一校の設立をうながし、四年制（男子は五年制）とし、女子向き教科を重視し、「中学校は勉強するところ、女学校は躾けるところ」といわれる内容となる。明治四三年には法改正によって実科高等女学校も誕生している。従って女子教育は一般的には小学校止まりであり、私立女学校の一部には研究科や高等科をおいたところもあるが進学者は少数であった。高等女学校以上のレベルの学校としては教師養成のために、女子高等師範学校が一校あるのみであった。

二十世紀に入る前後から、女子に高等教育を授ける私立学校が開校される。明治三三年秋に津田梅が女子英学塾を、少し遅れて鷲山弥生（後、吉岡弥生）が東京女医学校を、翌年四月には成瀬仁蔵が日本女子大学校を開校する。

女子中等教育が私立によってはじめられたように、高等教育もまた、私立によって先鞭がつけられたのである。しかし私立である故に小規模であることはまぬがれない。女子英学塾は十余名から普通の家屋で、東京女医学校は四名で病院の一室からはじめられる。日本女子大学校は唯一学校の体裁を整え、二二二名の入学者で開校した。(4) 明治三六年、専門学校令により、中等教育修了後に進学する高等教育機関を専門学校とすると規定されたが、明治末までに女子専門学校の認可を得たのは七校にすぎない。明治末年の高等教育機関の卒業生の男女比は十対一であり、男女間の格差は量的にも大きい。(5)

女子に高等教育の必要性を認めないことは、女子高等師範学校も東京と奈良（明治四一年設立）の二校に止まったことにも現れている。性別教育体制を崩さず、男子系の高等教育機関（専門学校・大学など）には原則としてほとんど女子を入学させなかった。

こうした女子教育の位相の中で日本女子大学校が開校され、建学の理念とその実践が行われていくのである。

I　建学の理念

女性高等教育機関を設立する先駆者となった、成瀬仁蔵（安政五・一八五八—大正九・一九一九）の経歴をはじめに簡単にふれておきたい。(6) 成瀬仁蔵は長州藩の吉敷毛利家に仕える武士の家に生まれた。幕末の長州の動乱を身近に、明治新政府を担う人びとの活躍の動向を聞きながら成長をとげ、山口師範学校に学び教員となる。この間に母を、弟をそして父を失っている。肉親の死は成瀬を内省の人とならしめた。明治十年、同郷出身の牧師、澤山保羅によりキリスト教に導かれ、同年秋に大阪浪花教会（組合系）で洗礼をうけ、後に牧師となり、関西や北陸で宣教活動をする。その間梅花女学校（現在の梅花女子大学）および新潟女学校（成瀬創設・後廃校）で女子中等教育に携わる。キリスト教に入信し、聖書を持つ青年と呼ばれた成瀬は神の前の男女の平等、宣教師たちと共にはるばる来日し活動する女性たちの姿に動かされ、かつて祖母や母など女性の愛情は姑息なもので、規範となるのは父であり男性であるとみていた人間観が変わっていく。二一歳で同じ教会の服部マスエと結婚。子どもは恵まれなかった。まもなく処女作『婦女子《おんな》の職務《つとめ》』を出版、キリスト教によるまとまった女子教育論として評価をうけた。

長年の希望であったアメリカ留学に明治二三年末旅立った。その目的はキリスト教国の信仰の実態と教育の実状を知り、研究をすることにあった。アンドーバー神学校・クラーク大学で学び、そのかたわら教会・大学（カレッジを含む男女の学校）・師範学校・社会事業施設・工場労働の実際など幅広く参観し、時には講演を依頼され、最終年には澤山保羅の伝記を英文で出版している。

この満三年にわたる米国滞在は、成瀬の三三歳から三五歳にあたり、成瀬にとって遅い留学であったかもしれないが、帰国後の活動に生かされる貴重な時期であった。一つはアメリカのキリスト教が少し以前から社会的福音をもたらす方向に変わっており、また自由神学・比較宗教学の動きがあり、神にのみ向う信仰から神の福音を社会に伝えることに重点がおかれてきていた。アンドーバー神学校はその先端にあり、その中心であったタッカーから社会学的視点と社会活動を学んだ。二つには当時のアメリカの大学は発展期にあたり、新しい試みと実践が行われ、現在の高等教育に通ずる教育がはじまった時期であった。教科の選択制、社会的有用性への着眼、大学通信教育のはじまりなどがあり、女子の高等教育にも目が向けられ、現在も著名な女子大学が設立される時期にあたっている。しだいに日本の社会の改良、とくに女子教育をそのポイントとする構想が研究と共に固まっていったといえよう。明治二七年一月帰国すると、乞われて梅花女学校校長となるが、新設の教育機関設立をめざして二年で辞した。

女子高等教育不用の風潮の中で、自らの教育方針を明確にする必要があり、明治二九年『女子教育』[7]を出版する。女子教育の不振をもたらしているのはその方針が不明瞭でゆれ動いているからであるとし、成瀬は女子を、一に人として教育すること、二に婦人として教育すること、三に国民として教育することを三方針として示した。女子大学設立運動の中の講演で成瀬が指摘したことは、この順序をあやまってはならないということであった。

本書では智育・徳育・体育・実業教育の項の下にその教育論を展開する。智育は日本の女子教育の最大の欠点であり、生活技術中心の教育を批判した。必修・選択の科目別の導入を計り、外国語教育の必要性に言及した。徳育は、従来の外から規範を与えるのではなく、開発的・自動的・自立的・積極的な個々の内からの養成をのぞんだ。その場合、宗教への関心を持つようにすすめ、特定の既成宗教を学校教育に導入するのでなく、個々人が自らの宗教を選び自らを高めることを望んだ。体育への着目は当時にあって注目すべきである。欧米の実状の紹介と共にいわゆる技に秀でる体育に限定せず、一斉訓練にも批判的である。衛生・治療・遊戯・快楽・優美にも言及し、外見的美醜へのこだわり、早婚の弊などを指摘し単なる体育論ではない。実業教育とは労働の価値を理解すること、実業を学ぶ精神は、国家にとっても女性の自立のためにも必要という。「家」の女に限定することなく社会への義務、国家に責任を果せる女子の育成が述べられている。

最後に「附　専門教育」として結びがついている。専門性を持つことは一つは女性の自活・独立のためであり、二つには進歩のためであるという。人の一生を四期にわかち幼年・青年・壮年・老年とし、前二者は準備期であるが、これが女性の後半の生活につながっていない。女性も壮年には社会進歩に貢献すべきである。これが社会的有用性として生きる。女子が専門を持つことは自己満足のためではなく、持続し向上することでその一生が実りあるものとなり、より社会に貢献し、豊かな老後となると捉えている。生涯にわたる学習の主張が貫かれ、この時点ですでに女性の生涯教育が奨められている。

本書は成瀬のこれまでの研究成果の結実したものといえようが、単に欧米の教育の導入ではない。西洋と東洋はその歴史的背景を異にし、社会文化も違うのであり、日本には日本にふさわしい「歴史と時勢と被教育者の知力と適合[8]」する教育でなければならないと考えていた。しかし同時に人としての教育という点では共通の原点がある。「教育上の原理原則もまた人種的若くは国家的のものにあらずして、人類的若くは世界的のものなれば、国体の帝政と共和政とに係らず、又人種の黄白に関せざるなり。真理は世界の共有物にして私有にあらず。[9]」という。

本書の評価は概して高く、本書は成瀬仁蔵が女子高等教育機関を設立するのに大きく貢献した。財政的保障もなく、開校への目途もなかなか立たない中で、大阪での知人、広岡浅子と土倉庄三郎によってその理想がうけとめられ、失敗は引き受けるとの覚悟で資金が提供された。学校設立資金集めに奔走し、幸い渋沢栄一など財界人からも資金を提供され、三井家より明治三三年、校地を寄贈され、次々と紹介によって広がった七〇〇人余の賛助者を得て、明治三四年四月、開校となった。明治二九年七月からの「創立事務所日誌[10]」は厳密に日々記されておらず、活動できなかった一時期が中断しているが、その苦悩と援助者を得るよろこびと感謝の経緯を知ることができる。成瀬はその過程で名称を日本女子大学校とした。日本としたのは日本の女子教育のレベルをあげたいためであり、国内に何か所か女子高等教育機関の設立を考えており、日本女子大学校を日本の女子高等教育のモデルとして実験的な教育を行うという意図からであった。大学校と校がついているのは当時、官立のみが大学と称し、私立には男子校にも許可していなかったからである。いずれ大学となることを想定していたのであろう。

開校にあたり「日本女子大学校規則[11]」が出され、先述の女子教育の三方針と開発的な教育方法をとること、学園組織は将来像を描き、総合大学と一貫教育を期するとした。

成瀬は開校後も発言を重ねていくが、その教育思想の特色は「人格教育」と「社会的人格論」にみられ、その生涯を閉じる際に書かれた「信念徹底」「自発創生」「共同奉仕」の三綱領にまとめられた日本女子大学の教育綱領にある。人格教育は、成瀬が臨時教育会議の委員として活動する中で印刷した『女子教育改善意見』の小冊子に掲げた女子総合大学教育の図の中心におかれている。日本女子大学校は私立学校であり、専門学校令による女子を対象とする小規模校であり、国家政策の影響は男子校に比べ直接的ではなく、教育の独自性・自主性をある程度保ちえたと解されるが、国家優位の教育状況の中で、一人ひとりをかけがえのない個として捉え、その人格養成を教育の中心においたことは注目されよう。人格教育は三綱領の基本的原理の「信念徹底」に照合する。「人格の観念は一切の人的行動の帰着点にして又一切の生活に価値を生ずる源泉なり[12]」とし、自らのよるべき信念を自らに問うことは、とりも直さず人間存在そのものを問うことであった。成瀬はその問いのために宗教教育を重視した。もちろん特定の宗教ではなく、各自の信念や信仰に応じ、既成の宗派的宗教を含めて、自由に、教条や形式に囚われず、宗教の真髄にふれ、生命の意味を問い続けることを求めた。成瀬自身もたとえば「吾人の心の根底に憧憬して止まない至上人格は、宗教の実質となるべき本質なる人間と、その偉大なる者との間に友情の関係の出来得る実在者である。而してこれは宗教上にていふ祷りによって直接に接続し交通し得るものである。即ち瞑想によってその目的あり意志あり感性あり思想ある神を認めることが出来る[13]」といっている。瞑想の時を持つことも日常の生活にとり入れることをすすめている[14]。また人格教育は単に内省によってのみ成立するものではなく、「専門教育は人格教育の骨をなし肉を為すものであるから、両者は生涯平行して相互補足を為さねばならぬ[15]」といい、個人はその資質に応じて自らの専門を持つべきであり、不徹底は人格教育の内容の空疎をきたすと指摘している。そして信念の徹底は自ら自発創生を生み、その人らしい独自性を発揮し、天職の発見とその実現へと導かれる。なお成瀬にとって人格は固定的なものではなく、過程とみており、常に追求する課題であった。

共同奉仕は右のような個と個が多様に交流することで、個自身も成長するが、漸次共同融合を来し、自他を超えた集団として活動することを意味した。成瀬はそれを団体的生活あるいは社会的人格と捉え、社会を変える「原動力即ち此の建設に欠くべからざるもの、即ち人格相互を合して大なる理想的団体、世界的境遇を作[16]」る働きに効力あるものと期待した。

三綱領は、日本女子大学校創設以来、成瀬の教育実践の基本にあったものの総括である。さらにいえば、一教育機関や女子教育に限定される綱領ではないし、人としての、成瀬自身の生きる原点でもあったといえよう。

Ⅱ　教育実践の展開

開校に当りまず家政学部と国文学部（当時の名称）、英文学部（同）の三専攻からはじめた[17]。

家政学部は男子の高等教育機関にはもちろん存在しない。アメリカにおいても農学部に家政的な教科がおかれているに過ぎない。日本でも女子高等師範学校で家事科の教員養成が行われているが、内容は家事教科と教育の教科が列挙されているに止まる。

この状況に家政学は「一種の混成学にして而かも寧ろ実地応用を目的とする術なりというべきもの[18]」との仮定のままに学部として設定した。その教科は技術のみでなく、倫理学・社会学・経済学・法律・芸術・体操などが必修となっており、広い視野で家政学を構想しようとしていたことがわかる。

家政学部がおかれたことで大学校も大したものではないとか、良妻賢母教育が受け入れられたなどと浅薄な解釈でみられることが続くのだが、第一回卒業生の井上秀をアメリカに派遣し、研究視察を行い、概していえば家政管理を中核とする家政学としての学体系を特色として作り上げていく。

国文学部は古典にはじまり、国文学部の大よその知識を授け、将来国文学界に貢献する道を開き、同時に文学的教養を育てることを目的としたが、系統的に国文学を女性に与えるはじめての場である。英文学部は時代の動きや他国の文化を知る必要性から語学は重視していたので、先ず英文学からはじめた。学生数が少数であっても継続されていく。

三学部に共通しているのは、必修として倫理学・社会学系と心理学・教育学系の科目と体操がおかれ、同時に他学部の科目の選択が可能であったことがあげられる。

明治三六年、専門学校令が公布され、翌年専門学校の認可をうけた。森村市左衛門の森村豊明会より多額の寄附をうけ、創立委員も呼応して資金を加え、同三八年財団法人となり、評議員会が成立した。同三九年、幼稚園・小学校を開校、一貫教育の体制が整い、同時に教育学部を設置した。教育学部は女子教育の弱点である理系の教育を重視する内容であったが、入学者は少なく、明治四三年には家事教員養成を導入した。この間、国文学部を文学部に改称し内容も変えたが、日露戦争後の経済不況もあり、女子高等教育不振の状況に抗しきれず、縮小を余儀なくされ、明治四五年、文学部は募集中止となった。大正六年になって、教育学部は師範家政学部となり、文学部も国文学部として復活する。明治末年から大正八年まで毎年卒業生は百人を割る状況であった[19]。

この不振の中で、明治四二年、女子大学通信教育会を設立、『女子大学講義』を刊行した。女子高等教育の通信教育の最初である。第一期生は申し込み者六、七六二名、全修了者一、九〇六名であった。当時の向学心に燃える女性の反応をみることができる。第二期も募集して中断する。成瀬の願った、大学教育拡張運動の一つであった。

同時期、北陸や関西、中国方面に、渋沢栄一、森村市左衛門らと共に、女子教育の向上を願って講演旅行を行い、入学者の増加をはかる活動も展開している。

女子高等教育に対する反発はジャーナリズムを賑わし、世論も好意的ではなかった中で毅然としてその中核をつくるのは成瀬校長自身である。「実践倫理」などの講義で学生に対したが、その意味は純粋な倫理学ではなく時々刻々に起る現代社会の問題を研究対象とし、学生がその生涯を燃焼して生きる原動力・実力・方法をここにつかみとり、将来の実践に生かすことが期待された。しかもそれらの課題にどのように取り組むかは一人ひとりの内的要求、目的意識があってこそであり、自念・自学・自習・自治などさまざまな表現で自己確立とその実践を、各自の将来をきり開く鍵として提示した[20]。成瀬は「思即行[21]」実践によってはじめて思想が生きるとみている。

専門学校令では「高等ノ学術技芸ヲ教授スル学校」（第一条）に止っているが、各学部でさまざまな研究会や発表会が開催されていた。夏休みも郷里へ帰らず、勉学や実習を試みる学生が寮生活を続けていた。この状況が、明治三九年、三井三郎助の厚志による長野県軽井沢の三泉寮の開寮となった。高等教育段階での夏季研修の端緒でもある。開寮の辞で成瀬は三泉寮を健康・智識・心霊の三つの泉を汲むところであるというが、次第に参加者相互の精神性を深めることに重点がおかれる。当地でのラビンドラナート・タゴールの瞑想指導や成瀬の晩年の集中講義などが、注目される[22]。

これら教育活動と共に重視されたのが、学生による自治会活動である。教育理念の実現と自主的な学生生活の訓練をめざして組織された。寮生活も同様である。最上級生を中心に各年度の目標を立て係組織で運用した。この体制が発表会や運動会などの学校行事に生かされていく。附属校もその段階に応じて組織される。大正期に入ると他校でもみられるようになるが、学生自治の先鞭をつけたといえよう。

学生生活での体験は、卒業後にどのように生かすべきか、第一回生の間の課題となった。同窓会の目的や組織や活動について、熟考するように成瀬から求められ、一年をかけて決定していった。それは桜楓会と名づけられ、桜楓樹というイメージとなった。根の中央に日本女子大学があり、その周辺に世界的潮流、社会・会員の同情、会員の研究という分枝があり、それが太い幹を支える。すなわち桜楓会本部である。幹から社会部・家庭部・教育部の三本の太い枝が分かれ、さらに小枝が出ている。それぞれの先にさまざまな果実が実っている。卒業生は、桜楓会によりながら、生涯にわたって勉学し研究し活動し成果をあげ、社会的使命を果すことが示されている。日本女子大学校は土の中に埋もれているが、それは一人ひとりの原点であり、女性の社会的な活動が抑制されている状況の中で、孤立せず連携して新しい社会をつくり出していく力となることが期待された。桜楓会として母校への助力・

少女のための夜学校・託児所・講習会・バザーなどの活動をはじめていく。(23) 機関紙『家庭週報』は日本女子大学校・桜楓会の動向と共に桜楓会員の声を反映し、さらに一般女性への啓蒙を目標に発行された。なお、成瀬は日本女子大学校創立後も著作や出版活動や帰一協会(24)、臨時教育会議(25)など社会的な活動を行っており、それらは在学生や卒業生に強い影響を与え、その後の活動の刺激となっている。

肝臓癌と診断された成瀬仁蔵は大正九年一月二九日に、告別講演を行った。現在の心境を述べ、将来について、総合大学とすること、精神教育を一層確立すること、後継者は共に教育を担ってきた麻生正蔵氏に託すが、後日、女性の向上によって卒業生が責任を負うこと、などの希望を述べ、審議を乞うた。その後、先述の三綱領を書き、「今後は真に時間、空間を超越す」の言葉を残して三月四日永眠した。

Ⅲ　建学の教旨の継承

成瀬の遺志をうけた麻生正蔵は、大正十年社会事業学部を開設した。児童保全科と女工保全科の二科で出発し、実習的なカリキュラムを含み、卒業後は各方面で先駆的な役割を果す。しかし昭和期に入って、社会の名称と「社会主義」との混同を避けて、名をすてて実をとる形で昭和八年、家政学部に編入、存続をはかった。この学部にはアジアからの留学生が多かった。

大正十二年、関東大震災がおこり、学園も被災したが、桜楓会を中心に学生も参加して東京市社会局と協議して救援活動を行う。主として児童救援と被服救援にあたる。大災禍の中での見事な活動は長年の学生自治組織と桜楓会とその全国の支部の支援の成果である。震災救援が一段落した後にも児童健康相談所などの事業が続けられる。社会への働きかけは、生活問題が拡大していたこともあって翌年十月には「国産品奨励展覧会」を校内の大部分を使用して開催、一週間で三万五、〇〇〇人の入場者を集め、好評を博した。その後、大阪・神戸・京都・名古屋・福岡・横浜と各地の桜楓会支部主催で巡回した。さらに昭和三年には創立二五周年と後述する高等学部の発足、あわせて昭和天皇の即位を祝って「女性文化展覧会」を開催している。

同じく創立二五周年を機に、創立者の遺志を確認する意味で創立者関連の出版が出される。『成瀬先生伝』『成瀬先生追懐録』、間をおいて『成瀬先生記念帖』『成瀬先生講演集』[26]などが桜楓会の努力で出され、その間、高村光太郎作 成瀬仁蔵胸像がようやく完成した。成瀬の山口の生誕地も桜楓会山口支部の奔走によって買い戻され、記念碑が建てられた。

第一次世界大戦後から大正デモクラシーの風潮が社会全般にも広がり、女性をめぐる状況も活気をみせはじめ、女性問題がジャーナリズムにとりあげられ、婦人雑誌の発刊も盛んとなった。職業につく女性も増加してくる。女子教育も高等女学校への進学者が増え、女子専門学校も私立校の他に公立校が開校される。大正七年、大学令が改正され、国立大学の他に男子系の公私立大学が認可された。女子大学も実現すべく、他の専門学校などと共に運動をはじめた。成瀬の願った女子大学昇格の準備に入り、募金活動を再開。昭和二年、高等学部を三年の修業年限で開校、卒業の昭和五年に大学本科を開校した。修業年限三年、文学科・理学科をおいた。しかし文部省は女子大学を承認せず、財政面の問題もあり、四回生で打ち切りとなった[27]。短期間ではあったが、この時の蓄積が戦後の新制大学成立に役立つことになる。この責任をとって麻生正蔵は辞任し、創立当初から成瀬と親しく援助し続けた渋沢栄一が第三代の校長職についたが、昭和六年十一月に逝去した。

創立者の遺志に従い、第一回の卒業生井上秀が第四代の校長に就任した。理事および評議員会も体制をかえ、評議員に桜楓会の代表が六〜七名加わることとなった。同時に学部組織も変更し、家政学部は従来の家政学部と師範家政学部を統合、後に社会事業学部が入り家政学部一類・二類・三類と称した。それに国文学部と英文学部の三学部の構成となった。

創立期からの教育姿勢は継承され、歴代の校長により「実践倫理」の講座が続けられると同時に多くの当期の知識人を招いて講演が行われた。夏季の三泉寮でも、教員のゼミの他に間宮英宗老師（禅宗）が招かれている。在学生数も千人を超え、寮が手狭になり、敷地内林間に学生の設計による建物（カテージ）などを増築して、家庭生活の実習にも使用した。

学生の自治活動も活発であり、いろいろな印刷物の発行や学部の特色を生かした係活動を行っている。図書の紹介・隣保事業・国際連盟協会学生支部などの活動がみられる。体育係も活躍し、年ごとにさまざまの趣向をこらして全学園をあげての行事が続いている。

目白の校地の周辺は創立期の豊かな自然が失われ人家も稠密化してきたので、川崎市多摩区菅の通称西生田に昭和九年、校地十余万坪を移転候補地とした。同時に募金委員会が結成され、総合大学実現のため、評議員会で大綱が承認された。

昭和十二年七月に日中戦争が勃発し翌年国家総動員体制に入った。翌年の西生田校地の運動会、第一回「山の集い」は、運動会と勤労奉仕作業が併せて行われている。戦争が拡大する中で、「戦時家庭経済展覧会」、「戦時家計・生活刷新相談所」の開設と「大人紙芝居」などを東京のデパートで開催し、日本女性文化史研究所を文部省精神科学研究所補助費をうけて開所、児童研究所は小国民の育成に応える活動をはじめるなど戦時色が濃くなる。

そして井上秀校長が大日本青少年団副団長となった昭和十六年を境に、学生自治会は戦時体制に応じて日本女子大学校報国団となる。修学年限は次第に三カ月・六カ月と短縮された。学生たちの勤労動員も日常化して行き、目白校では学校工場が実施され、順次分散して動員先に配属された。西生田では地元の要望もあり農繁期託児所が開設され、共同炊事の指導なども行った。学徒動員は勉学に優先し、毎月一、二回の帰校日が唯一の喜びであった。

上代タノ英文科教授の英語不用論に反論したエピソードなども残るが、しだいに若い学生たちの生活環境は悪化し、休学・退学者も増加していった。軽井沢三泉寮は学童疎開の場となり、長野県の農家支援の宿泊地にもなっていった。

学園はほとんど戦災をうけなかったが、若い学生たちの声を聞くことは少なく、放置された校舎は窓ガラスは欠け、荒廃した状況になっていった。その中で敗戦を迎えたが、虚脱と占領の不安が広がり自宅待機となったが、外地に家族のある学生は寮での厳しい日々が続いた。

Ⅳ 戦後の変革と教育の継承

昭和二三（一九四八）年、念願の大学となった。同時に十二の新制大学が認可され、女子大学は他に津田塾大学・東京女子大学・聖心女子大学・神戸女学院が含まれていた。戦後、最初の新制大学であった。実は認定に文部省は難色を示した。家政学部は大学に不用であり、認められないとした。そこで女子高等教育機関などが結束し、占領軍の民間情報局ＣＩＥの担当者の意見を聞き、大学設立基準設定協議会に女子大学分科会を成立させるなど積極的に各方面に働きかけ、日本女子大学校の案をたたき台にして家政学部を認めさせたのである。(28) 戦前の高等学部の蓄積も役立った。こうして家政学部（児童学科・食物学科・生活芸術科・社会福祉学科・家政理学科一部物理化学専攻・同二部生物農芸専攻の六学科）と文学部（国文学科・英文学科・史学科の三学科）で出発した。ここに創立者以来の希望であった日本女子大学となった。翌年、通信教育部（児童・食物・生活芸術の三学科）を本格的に開設、現在まで大学通信教育の唯一の家政学の提供校である。

戦後に認可された短期大学については、日本女子大学の教育精神が徹底しえないとの理由で設置されなかった。

以後、幼稚園からの一貫教育を充実させると共に、女子総合大学をめざし、現在、目白のキャンパスに家政学部五学科、文学部三学科、理学部二学科（私立女子大学唯一の学部）を、西生田キャンパスに人間社会学部五学科（日本ではじめての命名の学部）の全十五学科を持つ、日本でもっとも規模の大きい女子大学となっている。もちろんすべての学部に大学院があり、高度化を計っている。戦後、農家生活研究所、児童研究所、女子教育研究所なども設置されたが、現在は日本女子大学総合研究所に統合されている。総合大学化といっても男子系大学に比すれば規模は小さいのでそれを補っているのが五大学（早稲田大学・立教大学・学習院大学・学習院女子大学・日本女子大学）の単位互換制度や同志社女子大学との国内留学制度である。海外留学や研修・交流制度もある。さらに、通信教育、西生田生涯学習センター、創立百年を期してつくられた生涯学習総合センターが活動している。

学内外の活動のよりどころは、いうまでもなく創立者の教旨の確認と実践である。創立者がはじめた「実践倫理」の講義は昭和四一年に「教養特別講義」と名称をかえ、学長をはじめ各分野の専門人を招き、講義録『日本をみつめるために』を発刊してきている。創立七十周年記念出版として『成瀬仁蔵著作集』の刊行を昭和四九年にはじめ、全三巻をまとめた。さまざまな成瀬関係の刊行物が出されているが、映像社会を反映して昭和五九年、成瀬記念館が落成した。開館時の青木生子学長は「建学の精神に立ち返って明日への飛躍を[29]」念願して本館を設立したと語っている。本館は西生田の講堂の一角にも西生田記念室をおき、百年余にわたる歴史と現状をさまざまなテーマによって具体的な展示や紹介を重ねている。学生は教養特別講義の一環として必ず見学し、三泉寮生活にも生かすようにカリキュラムに組み込まれている。学芸員養成の役割も担っている。学園関係者ばかりでなく、広く公開しており社会的にも発信を出す役割を持っているといえよう。

平成一三（二〇〇一）年、日本女子大学創立百年を祝った。同一六年、社団法人日本女子大学教育文化振興桜楓会も創立百年を祝った。創立して一世紀、建学の精神や教旨の一端は具体化しえたかと思われるが、新しい世紀の初めにあたって国内や国際社会の危機的な実情に、さらなる建学の教旨の示す教育課題への内外への挑戦と活動が日本女子大学にも卒業生会にも求められているといえよう。

（中嶌　邦）

注

（1）「学事奨励に関する被仰出書」（『日本婦人問題資料集成　第四巻＝教育』ドメス出版、一四六頁）
（2）「学制施行に関する当面の計画」（同右、一四四頁）
（3）「教育令」（同右、一七六～一七八頁）
（4）日本女子大学編『日本女子大学学園事典―創立一〇〇年の軌跡』（二〇〇一年、日本女子大学）付表。
（5）拙稿「近代日本の女子高等教育の成立と海外留学」（『成瀬仁蔵の播いた種　目白からアメリカへの飛翔』、二〇〇三年、日本女子大学文学部）付表、参照。
（6）拙著『成瀬仁蔵』二〇〇二年、吉川弘文館、参照。
（7）『成瀬仁蔵著作集』（以下『著作集』とする）第一巻、昭和四十九年、日本女子大学、所収。
（8）同前、六八頁。
（9）同前、六九頁。
（10）『日本女子大学資料集第一～三　創立事務所日誌』一九九五～九七年、日本女子大学成瀬記念館。
（11）『日本女子大学資料集第五　日本女子大学校規則』一九九八年、同前。
（12）『著作集』第三巻、一六頁（『新時代の教育』大正三年の「人格主義の教育の振興」より）。人格教育についての言及は多い。
（13）同前、五一二頁。（「軽井沢山上の生活」大正六年より）
（14）同前、七四二頁。瞑想は「信念を定め、人格を養ひ、教育の根本効力を各自に獲得」するに効果あるものという。
（15）同前、三七五～三七六頁。（『女子教育改善意見』大正七年より）
（16）同前、五四〇頁。（前掲「軽井沢山上の生活」より）
（17）以下、歴史的変遷については『日本女子大学校四拾年史』（昭和一七年、日本女子大学校）・『日本女子大学学園史二』（昭和四三年、日本女子大学）・『年表 日本女子大学の一〇〇年』（二〇〇一年、日本女子大学）・『日本女子大学学園事典―創立一〇〇年の軌跡』（前掲）・『写真が語る日本女子大学の一〇〇年　そして二一世紀をひらく』（二〇〇四年、日本女子大学）などを参照。

(18) 前掲『日本女子大学校四拾年史』、一〇一頁。

(19) 注（4）に同じ。

(20) 自らの「天職」を問い、家庭や教員やさまざまの社会的活動となる。視野は世界にも向けられ、婦人平和協会の設立（大正十年）を導く。

(21) 同文の軸が残っているが、ウィリアム・ジェームズのプラグマティズムに共感している。（菅支那『成瀬仁蔵先生の女子教育』私家版・影山礼子『成瀬仁蔵の教育思想』一九九四年、風間書房、などを参照）

(22) 拙稿「日本女子大学三泉寮の創設」（『成瀬記念館』№4、一九八八年、日本女子大学成瀬記念館）

(23) 『桜楓会八十年史』一九八四年、社団法人桜楓会、参照。

(24) 拙稿「帰一協会小考一・二」（『日本女子大学紀要・文学部』三六・三七）。この活動は日本女子大学校卒業生有志の「天心団」の成立となる。

(25) 海後宗臣編『臨時教育会議の研究』東京大学出版会、参照。

(26) これらは日本女子大学女子教育研究所・日本女子大学成瀬記念館編『成瀬仁蔵研究文献目録』、参照。

(27) 『日本女子大学資料集第七　大学本科・高等学部関係資料』日本女子大学成瀬記念館、参照。

(28) 『日本女子大学資料集第六　新制日本女子大学成立関係資料―ＧＨＱ／ＳＣＡＰ文書を中心に』日本女子大学成瀬記念館、参照。

(29) 「開館十年によせて」（『成瀬記念館』№10、一九九四年、日本女子大学成瀬記念館）

第八章　東海大学の建学理念とその継承

はじめに

「学校法人東海大学」（Tokai University Educational System）は、次頁のごとく、傘下に東海大学、九州東海大学、北海道東海大学の三大学を始め、三短大、一二高校等の、計二八の学校を有する教育機関である。その中で、東海大学は学生・生徒数に関しても、教職員数に関してもそれぞれ法人全体の六〇％強を占める最大の単体である。建学の精神の継承ということでは当然に法人が主体となるが、ここでは大学を例にとることが多くなる。[1]

Ⅰ　創立者松前重義と教育の志

学生数では、いまや日本で五番目に多い東海大学はまた、大規模な大学の中ではもっとも新しい大学である。ち

学校法人　東海大学

常務理事会
- 理事長
- 副理事長
- 副理事長
- 常務理事
- 常務理事
- 常務理事
- 常務理事
- 常務理事
- 常務理事

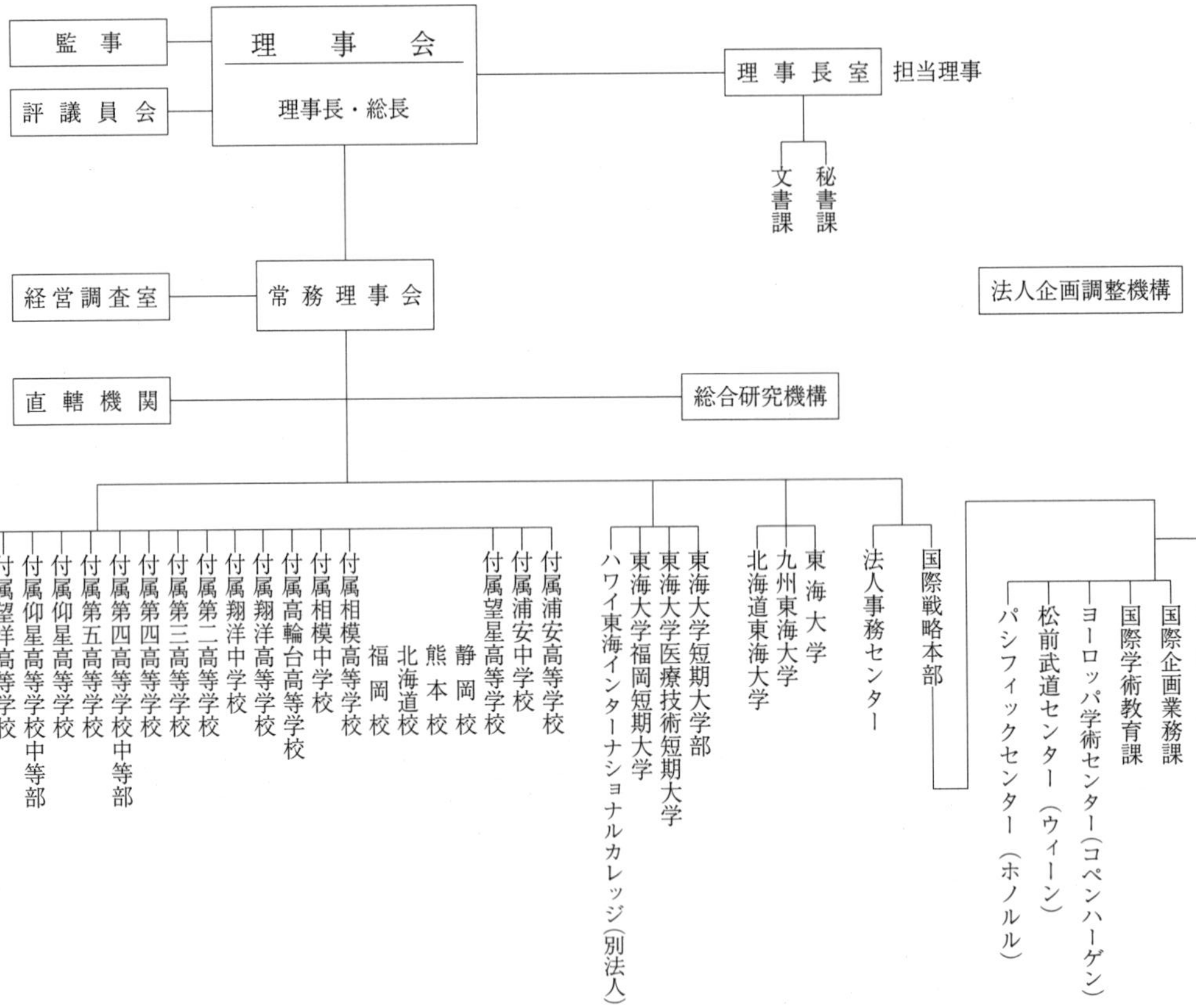

なみに学生数第一〇位までの大学のうち八校までがその母体は一八八〇年代までの創立であり、近畿大学の一九二五年と、東海大学の一九四二年は飛びぬけて新しい。そのうえ東海大学はまた、創立五〇周年を目前に没した創立者が、ほぼ現在の規模に近い時点まで経営・教育のトップにいたという点では、異色の存在であろう。すなわち、創立者の思想と建学の精神が大学の六〇余年の歴史の四分の三以上の期間にわたって教学の実践に影響していたわけである。しかも、創立者の著述はきわめて多く、建学の理念・精神は学園内においては時間的・空間的にあまねく広められてきているので、きわめて色濃く継承されており、その意味でも、創立者松前重義その人がまず語られなければならない。(2)

一九〇一年、熊本県に生まれた松前重義は、熊本中学、熊本高等工業で学んだ後、東北帝大の工学部に進む。一九二五年、松前は東北帝大工学部を卒業、技術者としての使命感に燃えて逓信省に入る。だが、逓信省における仕事と生活は無味乾燥で、ここにおいて松前は悩んだ。「人生いかに生きるべきか?」。そういうときに誘われて入ったのが、内村鑑三の「聖書研究会」であった。日曜日ごとの講義は、松前の血となり肉となったが、(3)同時にこの会において内村や平林廣人(4)を通して松前が関心を持たされたのがデンマーク国であった。一九世紀半ば対普墺戦争に敗れたデンマークの国家再建とその過程における思想家・宗教家のグルンドヴィの存在を知ったことが松前のその後の人生と学園建設に大きな影響をもたらした。

ニコラス・グルンドヴィの国民高等学校の思想が松前に与えた影響は大であった。グルンドヴィは牧師、大学教授であったが、同時に行動的な実践家であった。戦争に敗れて荒廃したデンマークで、農村に入り貧しい青年たちに知識と勇気を与えるべく、官に頼らずにいわば私塾を設立し、国民高等学校（フォルケホイスコーレ folkehoj-skole）と称した。資源のない国土にあって、国民生活を確立させるには、生活の科学化と適正な経済的仕組みづくりと文化的教養を高めること以外にないという発想である。この運動は広まり、国民高等学校が各地に設立されていき、その後のデンマークの発展をもたらした。国民高等学校では知識のみを授けるのではなくて、正しい「人生観・歴史観・世界観」を与えていた。松前は大いに感銘を受け、「私もまた教育によって愛する祖国、平和日本を興そう」と心に期した。そして、そのためには自らの教育機関が必要であることを痛感した。その後、一九三三年から三四年にかけて、省よりドイツ留学を命じられた松前は、その間にあこがれのデンマークに行き、国民高等学校を実際に訪れて、教育への志をますます強めた。

帰国後、かねて着想・研究していた「無装荷ケーブルによる長距離通信方式の研究」によって電気学会から、浅野奨学金千円を贈られ、これを基金に、ついに私塾を開いた。「望星学塾」であり、すなわち東海大学の源流である。一九三六（昭和一一）年のことであった。望星学塾では、聖書の研究、歴史の研究、人生観・世界観・歴史観等の議論が活発になされ、将来は大学設置を目標とすることを参加者たちは誓い合った。[5] この頃、松前が塾生に与えた、以下の言葉は、後に本学の教育のモットー、あるいは四訓とも呼ばれるようになるが、松前自身も、

「……若き日に汝の思想を培え　　若き日に汝の体軀を養え

若き日に汝の智能を磨け　　若き日に汝の希望を星につなげ

これがすなわち今日の東海大学の建学の精神の支えとなったものであり、建学以来今日に至るまで一貫した強い指導方針を与えたものであることを私は無限の感謝をもって顧みるのである」[6]、と述べている。今日の東海大学において、建学の精神をもっとも端的に現わしたもの、あるいは教育の指針と考えられている[7]、ものである。

Ⅱ　学園の創設と建学の理念

松前重義が逓信省に奉職して、その官僚機構に愕然としたのは、あまりにも法科万能の世界であったということ

である。科学・技術の進歩が目覚しいのに、それを支える技術者の社会的地位が低く、とくに官庁においては、つねに文系、それも法律家有利の事態を現出しているのである[8]。

こうした現実に対して、技術者運動が起こった。この運動は通信省の若手技術者が中心となる社団法人日本技術協会の結成となるが、その運動の中心人物は松前その人であった。しかし、松前が考えるに、この運動はいま一つ精彩を欠いた。というのも、技術者はその専門能力において優れてはいるが、視野が狭く、国家、社会、世界をみる目に欠ける。それがゆえに、文科の後塵を拝するのである。技術者も国家観、歴史観、人生観、世界観という人間形成における思想的基礎を確固たるものにしなければならない。松前は、技術者教育の根本的な欠陥をここにみた。真の技術者教育には、思想と科学の融合こそが大切である。しかし、もちろんこれは技術者に限ったことではない。物質文明と精神文明が両立してこそ真の文明社会が成立する。したがって、一人技術者のみならず、すべての個人に関してまず人間教育が必要であると考えたが、のちの東海大学にとっては、「これが、本学建学の遠因の一つ[9]」であった。

いずれにせよ、松前は工業立国のわが国においては、大学教育における理系比重を高めなければならないことを、声を大にして主張するのである[10]。

一、国防理工学園

さて、こうして真の技術者教育の必要を痛感していた松前は、科学・技術の国家的ヴィジョンが無ければ、国家の存立もまた危ういとの信念から、同志と語らって、財団法人電気通信工学校を設立させ、かつその下に電気通信工学校を開設せしめたが、さらに大学の設立を企図する。国防理工科大学構想である。

一九四〇年から一九四一年にかけての国防理工科大学設立の趣旨およびその説明において、松前はこの大学の教育方針について以下のように述べている。

理工科教育内容の根本的刷新が必要であり、その内容は

(一) 広く歴史、地理はもちろん、社会学、経済学等にも通暁せしめ、国体観、世界観を確立せる識見高邁なる人物たらしむこと、

(二) 略

(三) 最高の学理を究明せる工学者たらしむと同時に、之が応用に対し優秀なる専門的技術者たらしむこと、とした[11]。

多くの賛同者がいたにもかかわらず、機いまだ熟さずに、大学は設立できず、財団法人国防理工学園が設立された。昭和一七年(一九四二)のことである。この財団傘下に、とりあえず航空科学専門学校を設立した。清水市三保の仮校舎で始業をしたのが、一九四二年一二月であり、これをもって、東海大学の建学の基礎としているのである。

この学校の開校に際して、松前が作った詩が、現在でも東海大学の式典等で必ず歌われる「建学の歌」であり、技術者養成ながら、確固とした思想を養い、志を持つことを謳っている。

建学の歌

(一) 略

(二) 略

(三) 古き歴史の濁流を　堰て止めて清めてん
　思想と科学と技術とに　いそしむ健児ここにあり

(四) 歴史の波の高きとき　なやみの谷の深きとき

進め希望の星仰ぎ　我等が行途ここにあり

太平洋戦争の激化とともに、とりわけ電波技術者の不足が深刻となってきた。逓信省の工務局長の地位にあった松前は、国防理工学園傘下に電波科学専門学校を設立した。

敗戦の色濃くなった一九四四年七月、かねて日本の将来のために終戦工作に参加していた松前は懲罰的に二等兵として異例の召集を受ける。幸いにして、翌年帰国できたが、やがて終戦となる。

二、旧制東海大学の創立

一九四五年八月一五日の日本敗戦とともに、すでに召集解除を受けて技術院参議官であり、㈶国防理工学園の常務理事でもあった松前はすばやく動いた。八月一六日に同財団に終戦処理委員会を設置し、戦後の学校経営の計画を立てていた。その中に、「東海」の名を冠した諸学校の設立が謳われていた。[12]

㈶国防理工学園を㈶東海学園に改称したことに関して、松前は言及していないが、もともと、前者を事実上東海学園と考えていたようである。[13]

電波科学専門学校と航空科学専門学校を合併させ、ここに東海科学専門学校として清水市三保に誕生させた。ついで、これを大学に昇格させるべく、旧陸・海軍の用地や機材などの払い下げを受けて、着々とそのための準備を整えた。一九四六年五月に、清水の地に旧制東海大学が設立された。松前、念願の大学設立であった。

東海大学は、建学の趣旨として以下のようなことを謳った。[14]

目的：文化及自然科学ノ高キ使命感ヲ把握シ、歴史哲学ノ示ス民族理想実現ノ大道ヲ邁進スル人材ヲ養成ス

特色：文化科学ト自然科学トノ融合ニヨル確固タル歴史観、国家観、世界観ヲ把握セシム

学部は、工学部と文学部であり、予科を設置した。技術者といえども経済・法律に通暁し、正しい世界観を持た

なければならない。両学部に共通の必須科目を設け、文系の学生には自然科学との関連において人文科学を理解させ、理系の学生には確固たる国家観・世界観を持たせて科学の使命を体得させる、という方針であった。

旧制東海大学の設立認可は、しかし、必ずしも順風満帆の船出ではなかった。設置認可の直後、松前の教職、ついで公職追放令が出され、大学の経営にまったく参画できなくなった。有力な理事たちも同じく追放等も重なって相ついで学園を離れた。大学の経営状態は悪化し、まさに瀕死の状態であった。

Ⅲ　新制・東海大学

ＧＨＱの指示で、教育基本法ならびに学校教育法が改正され、どの大学も存続させるとするなら、新制大学への移行が焦眉の急となった。いまや東海大学も入学者の激減、教員の転出などがおこり、財産を次々と処分せざるをえなくなった。まさに、学園最大の危機であった。

新制の私立大学の設立や、各地で旧高等学校などの国立大学への転換が相つぐ中、松前重義から委託された同志達は消え入らんとする学園の火を懸命に守り、若干遅れはしたが、一九五〇年、ついに新制東海大学の設立にこぎつけた。

設立の趣意（「大学案内」）を「……一国の消長を決するものが文化であるとすれば、この文化を形成せしめる教育の如何こそ一国消長の鍵である。……本学は多量生産的教育を廃し教授学生間人間的接触を基調とする教育方針を建て……」と謳った[15]。

新制東海大学の学制は以下の通りであった。

文学部 ――― 文学科

工学部――電気工学科・応用理学科・建設工学科

同時に、私立学校法の施行に伴い、財団法人東海大学から学校法人東海大学への「組織変更認可申請書」が文部省に提出され、一九五一年三月七日に認可が下りた。今日の学園の再出発のときであった。

ときあたかも、追放解除をうけて、一九五二年に理事長に復帰した松前のまずやるべきことは、借財がかさみ、校舎を差し押さえられ、入学希望者のほとんどいない「死の床にあった[16]」学園の再建であった。起死回生策は、募集停止と東京移転。一九五二年には文学部の新入生募集停止、一九五四年には工学部も募集停止として、東京移転を敢行。駒越の敷地を売って、代々木を買収、地方大学から東京の大学への転換を図った。一九五五年工学部を移転、新入生を受け入れ始め、一九五八年には文学部も移転し、再開した。

一、学園の発展期

一九五〇年に文学部・工学部のみで設置認可がなされた新制東海大学は、五〇年代をこの二学部で推移したのち、発展の六〇年代を迎える[17]。資金調達に苦労した一九五八年の代々木キャンパス第二号館の完成は、東海大学の飛躍的前進の第一歩であった[18]。六〇年代のみで六学部、四大学院研究科を増設、さらに二短大、九高校が設立され今日の基礎を築いた。一九五三年にはわずか三〇〇名足らずの在学生しかいなかったが、医学部を設置した一九七四年には、すでに二六、〇〇〇名余りの学生数を数え、一九八三年には三〇、〇〇〇名を越えた。

この間に、法人はこの学園を特徴づける施策を次々に打ち出してきた。

二、学部の新設

海洋学部の創設は、東海大学の特色の一つとなった。かねてより、わが国が平和裡に資源獲得をめざすならば、その矛先として海洋に如《し》くはないと考えていた松前は、一九六二年、わが国初の海洋学部を誕生させた[19]。

松前は、若き日に体軀を養うという教育指針を実現するためにも、体育学部の創設を考えた。生活とともにある体育・スポーツの理念に基づいて科学する体育をめざしたが、それは一九六七年に実現した。デンマーク国民高等学校の理想と、国民生活を科学化すること、さらには芸術を生活環境の一部として取り入れるという発想で、「生活学部」創設を提起したが、紆余曲折の末、一九六八年に教養学部として誕生した。

三、教育の機会均等——勤労学生・通信教育（ＦＭ東海）・地方校舎

教育の機会均等と地方分散は松前が教育に志した時点からの目的でもあった。

向学心に燃えてはいるが経済的に不遇な若者に技術者教育の道を拓く工夫がこの制度であった。すなわち、学校内に工場を作って、そこで働き給与を受けながら工学部の学生と同じカリキュラムをこなす方式である。勤労奨学生と称したが、社会的に大きな評価を得た。一九六二年に第二工学部の形となった。勤労学生を受け入れるという精神は、その後企業派遣留学生という別の形で現在に続く[20]。

機会均等の別の手段として、放送による通信教育の道を拓いたのも、東海大学であった。一九五八年にＦＭの実験放送を申請、やがてＦＭ東海となり、今日の東京ＦＭへとつながる。

松前の、もう一つの理想である教育の地方分散は、一貫教育としての高校段階の全国展開と各地における大学・短期大学の設立という形で実現された。

地方に教養課程の校舎を設けるというのも、地方の入学希望者の経済的負担の軽減のために、希望者の多い地域では、地元で少なくとも教養課程を修得できるようにしたものである。福岡県宗像町から学園文化都市作りの一環として東海大学に大学設置の要望がなされ、一九六六年四月に、工学部福岡教養部として開校された。同時に、隣

接して東海大学第五高校も開設され、一貫教育の体制も整えられた。札幌教養部の場合も、すでに、一九六四年に東海大学第四高校が開設されており、さらには松前にとって、内村鑑三ゆかりの地札幌に大学も、という思いがあって、一九六六年四月に工学部札幌教養部が、そして一九六八年からは、海洋学部札幌教養部が開設された。さらに海洋学部の教養課程を一本化する案が浮上して、一九七四年四月から、沼津教養部が開設された。これらの施設は、やがてそれぞれに発展的解消をする。すなわち、福岡は短期大学（一九九〇年四月）として、札幌は一九七七年にすでに旭川で建学されていた北海道東海大学の国際文化学部と工学部として、そして沼津は静岡県東部の大学過疎地域ということから県と沼津市が財政的補助も含めて強く働きかけた結果、一九九一年に開発工学部として新たな出発をした。

四、文理比率――理系学部の重視

わが国の国立大学では法学部をはじめ官吏養成の色彩が濃かったが、同時に理工科学の人材養成にも大いに力が入れられた。最新の調査においても、学生数で比較すると、国立では文系学部の在学生が全学生の四一％であるのに対して理系学部の在学生は五五％を占め、文系を凌駕している（その他系列四％）。これが、私立の場合、文系七二％、理系二四％（その他系列四％）と、大きな違いをみせている。ちなみに、公立大学を含めた国全体でみると、文系六五％、理系三一％（その他系列四％）である。[21]

さて、東海大学の場合、一三学部中八学部が理系であり、定員では、文系三二％、理系六二・五％、その他五・五％[22]となって、文・理の比率は前述のどの数値よりも理系に偏っていることがわかる。九州東海大学、北海道東海大学においては、その比率はむしろ東海大学より、さらに理系偏重の構成となっている。この理系偏重の構成は、本学園の建学の理念に由来する大きな特徴の一つであって、大学の教学面のみでなく、経営面において重要なファクターであろう。とりわけ経営面においては私立大学の文理比率が物語っているように、多くの大学において比較的コストのかからない文系学部が安定した経営に寄与していると考えられる。にもかかわらず、学園のこうした文理構成は、建学の理念をいかに重視しているかの証左であろう。

Ⅳ　建学理念とその継承

東海大学では、一九九二年の学園創立五〇周年を迎えて、この期に建学の精神を再確認することが行われた。すなわち、一九九一年に学長の諮問機関として東海大学自己評価検討委員会を設置し、大学設置基準の改定に先立って、新たな教育基本方針を諮問し、その答申をえて、それに基づいて、東海大学教育方針を成文化したのである[23]。

一、東海大学の教育目標及び教育方針

東海大学は、人を愛し、社会と国家を愛し、世界を愛し、人類への奉仕の信念をもって行動しうる人間を養成し、世界の平和と進歩に貢献することをもって、その建学の理念としている。東海大学は学生に呼びかけて、

若き日に汝の思想を培え

…………

という言葉を掲げている。これはすなわち本学における教育の指針であり……。

以下、具体的に教育方針を示す。

(一)　教育の姿勢　(二)　現代文明論を中心とした教育　(三)　心身ともに健全な人間教育

(四)　学際化に対応する教育　(五)　情報化に対応する教育

(六) 国際性豊かな視野をもった人材の育成 (八) 課外教育

以上の方針に伴って、一九九三年に全学的なカリキュラム改編が実施された。この後、一九九七年にはセメスター制度の導入、二〇〇一年には「東海大学型リベラル・アーツ」と呼ぶ、新カリキュラムが実施された。

建学の精神の継承のためには、それを実現する仕組みや組織が重要である。東海大学では、それは複数のチャネルを通じてなされている。

二、一貫教育

一貫教育委員会は、「新しい時代の、新しい学園の教育活動を推進する協議機関」として、一九九二年に発足した。その活動は、具体的には、「教育理念」や「建学の精神と現代文明論」等、学校法人東海大学の本質に係わる問題に取り組むことであった。研究・検討するテーマ毎に部会に分かれ、毎年報告書を提出している。ちなみに二〇〇五年度・二〇〇六年度のテーマは、たとえば「建学の精神と学びの一貫教育推進」(第一部会)、などである。

三、現代文明論・文理融合

一九五五年、代々木校舎において通年四単位の「電気工学概論」を松前が自ら講義したが、この講義は、電気工学のみでなく、広く文明の問題に言及した、松前の持論を述べるものであった。一九五八年、この講義は学生に建学の精神を伝え、東海大学の教育のコアとなる最重要な科目として位置づけられ、「現代文明論」となった。ただし、学生数が増えるにしたがって、担当者は当然複数になり、現在は現代文明論委員会がこの科目を運営している。

松前重義は、建学四十周年を迎えて、次のようにいうのである。本学の建学の精神の一つは「若き日に汝の思想を培え」である。今日のような物質文明の時代において、われわれは精神文明との両立こそが真の文明の姿であり、人類の幸福に通ずるという理想・思想を以ってこの建学の精神の中心とした。この教育思想の下、思想教育として歴史観、人生観、世界観、宇宙観等、人類生活の基本的な課題と取り組んで、これを基盤とした教育を実行して今日に至っているのである。本学のこの基本的な教育理念をわれわれは、今後なお永遠に継承していかなければならない。このような教育の基本方針こそはわが大学の進むべき道である、と。(24)

二〇〇〇年六月、法人内に設けられた現代文明論研究センターにより、『現代文明論』講義の基本的枠組み」と題する小冊子が作られた。そこでは、創立者の現代文明に対する視点を東海大学の教育の核として継承していくことが、建学の精神の具現化につながるものであり、この実現のために傘下高等教育機関ではこの科目を四単位必修とすること、講義の基本的事項を包括し、各機関での独自性を持ちながらも、現代文明論委員会のもとに講義を展開することを求めている。

二〇〇一年のカリキュラム改訂に伴い、「現代文明論」科目を拡大し、従来の「現代文明論」のほかに、「文理融合科目」を付加し、創立者の理念のいっそうの実現と時代の要請とに対応しようとしている。

四、意思決定機構

さて、こうした建学の精神とその継承のための学園の組織・機構は、以下のようなものである。

(一) 理事会

一九五一年三月の私立学校法によって、学校法人東海大学となり、上述のごとく松前が、理事、ついで理事長に復帰したが、その後は、理事長、常務理事一名を加えて、計一一～一五名の理事体制を続け、一九六七年から副理事長一名、常務理事二～三名として、計一一～一五名の理事体制、一九八〇年からは常務理事を廃して、副理事長一名を加えて一五～一六名の理事体制であった。ついで創立者の没後、一九九二年より副理事長を廃して、理事長ほか理事一四～一五名の体制となるが、二〇〇二年になって、まず副理事長二名が就任し、次いで常務理事六名が加わって、現在の理事計一五～一六名体制となる。学園の運営には、常務理事会がもっとも主要な役割を担っている。

(二) 総　長

法人の寄付行為によれば、第五条に、この法人に総長を置き、総長は、建学の精神にのっとり、この法人の設置する学校の教育を総括する、とある。つまり、傘下各教育機関の学長・校長・園長の上に、総長が教育責任者として置かれており、しかもその責務として、「建学の精神にのっとる」ことが明記されているのである（このことは、一九八六年の改訂からである）。

(三) 三大学学長会議

年に二回、法人の常務理事と傘下の三大学（東海大学・九州東海大学・北海道東海大学）の学長等が集まり、学園共通の案件を審議、検討する。いわゆる建学の理念に関わるものなどはここで取り上げられる。

(四) 学部長会議

東海大学において大学院運営委員会と学部長会議は最高の意思決定機関であり、毎月開かれる。その構成員は学部長・委員長のほか各センターや事務部門の責任者を含めて三〇数名となる。

(五) 大学部長会

東海大学における運営組織の要になるのは、「大学部長会」と称する会議体である。構成員は、学長、副学長のほか、学内事務部門の責任者であるが、一〇名余のメンバーの大部分は教員である。学部長会議で審議あるいは報告される事項は、ここで検討され、提出への承認がなされる。

五、ふたたび創立者と東海大学

冒頭に述べたように、東海大学という教育機関が短い時間で巨大になったのには、創立者松前重義によるところ大であり、しかも、松前の場合、若き日に抱いた初志をきわめて忠実に実現させているのには驚くべきものがある。創設する学部の性質・内容、校舎の立地、などにこのことはよく反映されている。

その源泉の一つは、松前の顕著な特色と思われる、行動力、実行力に裏打ちされた組織結成力にあると考えられる。東北帝大の学生時代の「関東・東北高専柔道大会」結成は、その端緒としてあげられる。ついで、若手官僚の身での逓信省内における「技術談話会」から官僚横断的な「七省技術者協議会」、「日本技術者協会」、そして「大政翼賛会」に至る、多くの組織を設立させている。この組織力が、「望星塾」を嚆矢とした、教育機関の設立を可能にしたと考えられる。

また、松前は、ことあるごとに友情を口にしたが、学園創設、苦難の時代を通じて、さまざまな人脈の友情に支えられてきたことが、学園史を紐解けば明白である。出会った多くの人と友人になれるのも、またたとえば国防理工学園設立に際しての募金に多数の人が応じてくれたのもその人間的特質であろう。東北大学・官僚における人脈は、ときに特権を享受している趣もあるが、そこに私心でない志があるから、人びとの協力をえられるのであろう。私学の場合、「理事はもちろん、関係者全員が自分を捨てて、心の底から建学の理想に対する熱情を失わないから」[25]、成り立つのである。

私立学校は建学の理念を持って学園を設立、経営をするわけであるが、設立されたすべての学校が存続しているわけでないことはいうまでもない。経営上の大きな困難は理想を追求するだけでは乗り切れないし、逆に存続や経営を第一義的に考えては、まさに私立学校の存在意義を失うことになりかねない。東海大学の歴史を振り返ると、大きな危機に際しては、創立者の教育に対する強い「志」が存続・発展の何よりも大きな原動力であって、そこにこそ支援者の存在や利害を度外視した同志的結合が生まれたということである。このことは、私学にとっておそらく共通のものではないだろうか。

〔本稿の作成に当たり、東海大学学園史資料センターの馬場弘臣・椿田卓士・高橋祐子・加瀬大の研究員諸氏、ならびに東海大学松前記念館の難波克敏教授・村井正己氏に種々ご教示いただき、かつ資料提供の便宜を図っていただいた。記して、厚く感謝申し上げる次第である。〕

（井上　孝）

参照文献

1　東海大学五十年史編集委員会編『東海大学五十年史―通史編』、学校法人東海大学、一九九三年
2　同『東海大学五十年史―部局編』、学校法人東海大学、一九九三年
3　東海大学同窓会五十年史編纂委員会編『東海大学同窓会五十年史』、東海大学同窓会、一九九四年
4　松前重義『デンマークの文化を探る』、東海大学出版会、一九六二年（一九九八年）
5　同『二等兵記』、東海大学出版会、一九六三年（一九八三年）
6　同『わが宗教観』、東海大学出版会、一九六六年（一九八三年）
7　同『現代文明論』、東海大学出版会、一九六七年（一九九〇年）
8　同『東海大学の精神』、東海大学出版会、一九六九年（一九八六年）
9　同『その後の二等兵―増補版』、東海大学出版会、一九七一年（一九七五年）
10　同『わが昭和史』、朝日新聞社、一九八七年
11　同『東海大学建学の記』、東海大学出版会、一九九五年
12　室伏哲郎編『東海大学』、二期出版、一九九〇年
13　学校法人東海大学一貫教育委員会編『活動報告書』二〇〇一年度、二〇〇二年度、二〇〇三年度、二〇〇四年度
14　「松前重義と望星学塾」編纂委員会編『松前重義と望星学塾――その思想と行動』、学校法人東海大学、一九八六年
15　東海大学四十周年史編纂専門委員会編『東海大学建学史』、東海大学出版会、一九八二年

16　東海大学連合後援会三十年史編纂委員会編『東海大学連合後援会三十年史』、東海大学連合後援会、一九九二年

注

（1）以下では、学校法人東海大学を法人または学園と呼び、狭義の東海大学を東海大学あるいはたんに大学となるべく呼ぶが、文脈上読み取っていただきたい。なお、本稿を通じて『東海大学五〇年史』並びに東海大学が毎年発表する『東海大学教育研究年報』に依るところが大きい。記して感謝する。

（2）空間的とは、学園全体を指している。

（3）『東海大学建学の記』

（4）一九三〇年一月、内村の代講をした平林の「デンマークの復興と国民高等学校」の講義。

（5）ここでは、宗教も教育の一端であった。

（6）『東海大学建学の記』iii—iv頁。

（7）東海大学では、この四訓の英訳に当たって、最後のフレーズをChain thy hope to the stars in thy early daysとしている。内村鑑三が北海道大学における講演でRalph W. Emersonの「汝の車を星につなげ」(Hitch your Wagon to a Star) を「志を高く抱け」という意味で引き合いに出しており、松前もそれを援用したと述べている（松前重義、『発明記』一九六二年、一一五頁。『内村鑑三全集』三一、岩波書店）。さらに、松前は別の箇所で、宮崎滔天の「青年よ雄図を抱け、若き日に汝の野望を星につなげ」から採ったとも述べている（『望星』一九四六年九月）。

（8）二〇〇一年においても、官界における文系・理系出身者の待遇に関して、以下のような調査がある。国家公務員のキャリア組新採用の文理比率は四五：五五であるが、局長級では、それが八七：一三、次官となると九七：三になる。毎日新聞科学環境部編、『理系白書—この国を静かに支える人たち』講談社、二〇〇三年、一七～一八頁。

（9）『東海大学建学の記』四～五頁。

（10）『東海大学の精神』一七～一八頁。

（11）『東海大学五十年史—通史編』八一～八二頁。

（12）「東海」の名称の由来は、『わが昭和史』によれば、愛唱する詩人土井晩翠の『万里長城の歌』から採り、東海とは太平洋の意であるとしている。アジア大陸の東に広がる広大な大洋に学園の理想と前途とを託したものである。なお、

理事会の議決や、財団法人東海学園への名称変更は一九四五年八月一五日となっているが、終戦時の混乱のため、日時については書類上の操作がなされたようである。
(13)『東海大学建学の記』二九頁以下。
(14)『東海大学五十年史―通史編』三六〇頁。
(15)『東海大学五十年史―通史編』三八四頁。
(16)『東海大学建学史』二二四頁以下。
(17)旧制東海大学は、一九四六年に開校し、一九五三年に廃止となるのであるが、その間、大学の危機により他校へ転校したり、新制に編入したりなどさまざまな経緯があったが、結局、予科卒業者三七七人、学部卒業者は一九五一、五二年の両年しかいず、計一四三名であり、また一九五二年にはじめての卒業者を出した新制東海大学も、一九五九年に至る八年間の総計で二六六名の卒業者しか出していないのである。経営の惨状が偲ばれる。
(18)『東海大学建学の記』、五三頁。ここでは、大蔵省の人脈で銀行融資がえられたことが貢献した。
(19)今日、東京海洋大学を始め、多くの海洋高校があるのは、今昔の感を深くする。
(20)一九八八年のNTTを発端に、一九九四年からのJR、そして一九九八年の東京電力と続く。これらを大学では「国内留学生」と称しているが、全定員で一〇〇人が、政治経済学部、法学部、工学部に割り当てられ、最大時には一〇〇人となった。
(21)文部科学省高等教育局大学振興課、「公・国・私立大学専攻別学生数の構成比較：平成一六年度」
(22)東海大学の場合、その他は体育学部である。文部省統計における「その他」の内容は明記されていない。
(23)『東海大学教育研究年報　一九九一年度』
(24)『東海大学建学史』vii頁以下。
(25)『東海大学の精神』六九頁。

後記

本書は、早稲田大学教育総合研究所におけるプロジェクト研究「志立大学の研究」から生まれたものである。二〇〇二／三年にわたる援助ならびに出版助成に感謝したい。

研究の過程において、多くの大学の同学のみなさんから支援をいただいた。大学の志、すなわち、建学理念・教旨の制定過程と、それが現在どのように活用されているかを、それらの大学を訪問し、教えを受けることができた。それらの大学では、法人と大学の関係について内部資料をもって説明をいただいた。ここでは、すべての方々の名前を列挙することができないので、この場を借りて感謝の意を改めて表させていただく。

大学は一つの経営体であり、私立大学では特に経営主体である法人のあり方が重要な意味を持つ。法人の歴史とそのあり方を大学との関係で扱う大学史は少ない。法人にとって、大学の研究・教育条件をいかに向上させるかが最大の課題であることはいうまでもないが、同時に、他の大学から如何に自己を差別化できるかも大きな経営課題である。建学理念・教旨が大学の伝統として私立大学の「大学案内」の冒頭を飾る理由でもある。

本書は、私立大学の歴史の中で従来扱われることが少なかった法人を視点としての問題意識から出発し、建学理念・教旨を中心に据え、私立大学を「志」と「資」の大学と位置づけている。この問題意識に賛同され、研究会で報告してくださり、さらに、本書に寄稿してくださった同学のみなさんに感謝したい。

二〇〇五年一〇月

編者

な　行

は　行

ま　行

や　行

わ　行

人名索引

あ行

か行

さ行

『私立大学の源流』執筆者名

大西　健夫　早稲田大学教育学部教授（第一章）
佐藤　能丸　早稲田大学非常勤講師（第二章）
松本　康正　早稲田大学非常勤講師（第三章）
大日方純夫　早稲田大学文学部教授（第四章）
坂井　達朗　帝京大学文学部教授，慶應義塾大学名誉教授（第五章）
本井　康博　同志社大学神学部教授（第六章）
中嶌　　邦　日本女子大学名誉教授（第七章）
井上　　孝　東海大学政治経済学部教授（第八章）

私立大学の源流——「志」と「資」の大学理念　[早稲田教育叢書23]

2006年3月31日　第1版第1刷発行

編著者　大西健夫
　　　　佐藤能丸

編修者　早稲田大学教育総合研究所
〒169-8050　東京都新宿区早稲田1－6－1　電話　03（5286）8888

発行者　田中千津子　〒153-0064　東京都目黒区下目黒3－6－1
電　話　03（3715）1501(代)
発行所　株式会社　学文社
FAX　03（3715）2012
http://www.gakubunsha.com

印刷所　東光整版印刷株式会社
落丁・乱丁の場合は，本社でお取替えします
定価はカバー・売上カード表示

ISBN 4-7620-1529-6